El Diario de una Pastora

Voy a contar lo que otros no se atreven a hablar

Karen C. Santiago

Dedicatoria

Quiero dedicar mi primer libro a varias personas.

Primeramente, a Dios mi Padre, pues si Él no me hubiese dado la instrucción y el mandato de escribir, nunca lo hubiera hecho. Gracias Dios por creer en mí, aun cuando ni yo misma acabo de entender que soy importante para Ti.

A Melvin por ser quien que me ha acompañado estos últimos 27 años de mi vida, en las buenas y en las malas. Si me dieran la oportunidad de escoger nuevamente, claro que te vuelvo a escoger, ya te lo he dicho antes, quiero a los mismos maravillosos hijos que tengo hoy y esos me los diste tú.

A mis hijos, son mi motor, mi mayor razón de vivir y los que me impulsan a seguir caminando y hasta a veces gatear, pero nunca rendirme. Mis bellos hijos, mi orgullo, en ellos puedo ver la perfección de Dios. Los amo!

A las personas importantes en mi vida, mis padres, mis hermanos y todas las personas que Dios me ha regalado y hoy caminan conmigo, no son muchos, pero son súper importantes porque han sido como columnas que me sostienen. Gracias por el amor y la amistad incondicional.

Contenido

Karen C. Santiago

Introducción

Hace tiempo cargo una palabra y hasta hoy le había estado preguntando a Dios de qué quería que escribiera y aquí vamos con lo que será el tema y desarrollo de mi libro, "El Diario de una Pastora", mi vida y algunas experiencias a través del ministerio, mis altas y mis bajas.

Quiero que el mundo conozca mi trayectoria como pastora, y que sepa que al igual que yo, hay miles de pastores que tienen la misma trayectoria pero con otros nombres y en otros lugares, y no lo hablan. Los pastores llevamos muchas cargas, las nuestras, las de nuestras ovejas y las de otras personas que ni siquiera pertenecen al redil que pastoreamos, y que por amor cargamos. Somos pastores, amamos y nos preocupamos por la gente, así somos y así fuimos formados.

Jamás diré que soy una gran escritora, pero sí tengo una gran historia que contarte, para que seas beneficiado y puedas levantarte, así como yo me he levantado y aún sigo de pie.

Hoy día resido en Washington State, pastoreo Casa de Alabanza WA ya por casi 11 largos años y los que faltan. En este pastorado he visto grandes promesas de Dios cumplirse, pero también he visto al mismo infierno burlarse en mi cara, hasta querer destruirme. ¡Diez años se dicen fácil, pero pregúntame si lo ha sido y te diré gritando que "NO"!

Digo que NOOOO ha sido fácil, porque es la verdad, no ha sido fácil, es más ha sido sumamente difícil, y lo peor de todo es que las situaciones que atraviesas muy pero muy poca gente la conoce, porque como pastora "debo" callar y dejárselo todo a Dios.

Pero hoy voy a compartir contigo un poco de mi trayectoria, como fui llamada por Dios, como llegué al pastorado y como he permanecido a pesar de todos los inconvenientes, demonios, incircuncisos, fariseos, altas y bajas, ponle el nombre que quieras, para mí ha sido todo eso y más.

Muchas personas piensan que los pastores no pasamos por problemas en la vida o que simplemente somos inmunes a los problemas porque no hablamos nada. En Estados Unidos, sin incluir otras naciones, sobre 1,500 pastores renuncian al ministerio cada mes, porque no hablan sus problemas y situaciones, todo lo callan.

En este diario serás mi confidente, ya que decidí contarte el lado silencioso de alguien que ha sido llamado al ministerio y que muchas veces duda de esa unción. Con mi historia descubrirás que no eres el único que atraviesas por situaciones dolorosas, si no que todos pasamos por ahí... pero nadie se atreve a hablar por vergüenza o temor al qué dirán.

Por medio de este libro quiero expresar algunas de las situaciones por las cuales he atravesado, las cuales han sido terribles, pero como lo he hablado, me he podido sostener de pie en la misión a la cual Dios me llamó. También quiero expresarme para dejarle saber a cualquiera que lea, que no estás solo y que las situaciones por la cuales atraviesas pueden ser similares a las mías y si yo he podido superarlo, tú también podrás.

Te voy a revelar parte de mi vida para que tú no tengas que esconderte detrás de ilusiones ministeriales, ni avergonzarte por aquello que piensas que solo tú atraviesas. Yo voy a hablar, para que tú puedas respirar y seguir adelante.

La vida de un ministro es bien difícil, pero a la vez te digo que si no sueltas el arado, si no miras atrás y si no abandonas, llegarás a ver todo lo que Dios te prometió. Y a la larga el llanto se convertirá en alegría, sí, al final del túnel oscuro, siempre habrá una luz.

Un poco de mí

"Porque tú formaste mis entrañas; me hiciste en el seno de mi madre"

-Salmos 139:13

Mi nombre Karen Vélez Medina, Karen Santiago como todos ustedes ya me conocen. No vengo de descendencia, ni herencia pastoral, soy maestra de profesión, esposa y madre de dos preciosas promesas de Dios. A parte de cumplir como esposa y madre, cumplo mi llamado pastoral y ministerio apostólico a las naciones.

Nací en Estados Unidos, en un hogar cristiano que amaba a Dios, encaminada en la fe y en las buenas costumbres. Cuando cumplí 6 años de edad nos fuimos a vivir a Puerto Rico, donde mi abuela es quien me lleva a la iglesia, ¡Que lindas nuestras abuelas verdad! Mi abuela fue un fundamento fuerte en mi vida, quien me enseñó a amar a Dios y serle fiel, asistir a la iglesia, leer la Biblia todos los días y a orar, ¡Gloria a Dios!

Estudié mi bachillerato en pedagogía y mi maestría en Teología. Estoy casada con el Pastor Melvin Santiago un adorador ungido de Dios y tengo 2 hermosos hijos, Oscar Josué quien es profeta de Dios y Kaitlyn Nicole quien es una adoradora de Dios.

Llevo en el ministerio más de 28 años (depende en qué año leas este libro), con mis altas y bajas y en algún momento de esos años, también me cansé y abandoné (ya descubrirás por qué). Actualmente pastoreo Casa de Alabanza en Washington, Estados Unidos.

Te quiero contar mi historia, de cómo llegué hasta aquí y cómo me he sostenido. Crecí sin descendencia pastoral y sin idea de quién era, y aunque no conocía quien era, Dios ya me había Destinado para una vida poderosa en El.

Estoy segura que mi historia se parece a la tuya, con nombres diferentes y en lugares distintos. Quiero hablarte de mi historia para que en el momento que te identifiques conmigo, recibas la impartición que necesitas para levantarte en tu llamado y continuar, yo creo que será así.

*Recuerda esta verdad:

Tú también fuiste llamado por Dios.

Mi mamá me decía

"Mejor dejen que las dos plantas crezcan juntas. Cuando llegue el tiempo de la cosecha, podremos distinguir cuál es el trigo y cuál es la cizaña. Entonces enviaré a los trabajadores para que arranquen primero la cizaña, la amontonen y la quemen. Luego recogerán el trigo y lo llevarán a mi granero."

- Mateo 13:30

Mientras crecía en la iglesia, tenía a los líderes religiosos en un pedestal y también a los hermanos. Para mí, eran como ángeles o santos caminando sobre la tierra, (creo que sabes a lo que me refiero), con esto quiero decir que jamás pensaríamos que gente "cristiana" actuaría contrario a cómo indica la Biblia.

Muchas veces pensamos que la gente de las iglesias son santos, bueno así es como debería ser, pero en las iglesias hay de todo. Aquí es cuando comenzamos a entrar en la "triste realidad", en darnos cuenta de que nuestros hermanos y líderes religiosos son tan humanos como nosotros y entonces llega la desilusión. ¿Por qué llega la desilusión? porque nos desencantamos cuando los vemos fallar y moverse en la "carne", fuera de los parámetros de los frutos del Espíritu como se "debe" y porque tienen una vida tan normal como tú y yo.

Crecí pensando que si vas a la iglesia eres santo y te comportas como dice la Biblia, otra desilusión para nosotros, no todos los que están dentro de la iglesia tienen a Jesús por dentro, y lamentablemente eso nos afecta. Era muy joven para entender toda esta verdad, entender que en el redil habría de todo y tendría que aprender a caminar aún viendo todo esto.

Mi mamá me decía, cuidado a quien escuchas en la iglesia y lo que ves, porque puedes llevarte la desilusión de tu vida y lo que todo lo "bueno" que creíste, se puede desmoronar rápido. Te darás cuenta de una triste realidad, que hay gente que no se comporta como cristiano y te va a doler.

¿Y qué crees? Pues sí, mi mamá como tuvo razón. Conocí a muchos que en lugar de edificar mi vida y ayudarme a crecer, hicieron todo lo contrario y eso es parte de mi historia, como también estoy segura ha sido parte de la tuya. Espero que por algunas personas no te hayas salido de tu propósito y si te descarrilaste, encamínate, porque no se trata y nunca se ha tratado de la gente sino de Dios y tu llamado.

*Recuerda esta verdad:

El trigo y la cizaña crecen juntos, pero a Su tiempo, a la cizaña los saca Dios.

Karen C. Santiago

No soy súper héroe

"Y estando en agonía, oraba con mucho fervor; y su sudor se volvió como gruesas gotas de sangre, que caían sobre la tierra"

-Lucas 22:44

*T*e quiero contar un poco de mi historia, porque nosotros los pastores llevamos muchas cargas que nadie conoce, porque no las contamos. Imagínate que cargamos nuestras cargas, llevamos las cargas de nuestras ovejas y de la gente que nos pide oración y consejería, es bien fuerte, pero a eso nos llamó Dios.

Esto no es fácil y aunque somos gente de "Fe", también tenemos un corazón que palpita y siente como el tuyo y las cosas nos afectan como a ti. Pensamos que cuando alguien es usado por Dios es intocable e inalcanzable, que camina sobre nubes y que es invencible y no es así, somos vulnerables y si no nos cuidamos podemos caer como cualquier otro. Tenemos que aprender a confiar en Dios y a veces a confiar más que otros, porque todos los ojos están puestos sobre nosotros "¿Qué clase de presión verdad?".

La Biblia nos enseña, que Jesús en su humanidad sudó gotas de sangre cuando se acercaba ese momento en que sería apresado y llevado hasta la muerte. Le pasó a Jesús y si le pasó a Jesús, imagínate como nos sentimos nosotros frente a una mala noticia, a una desgracia o ante las pruebas que tenemos que enfrentar, igual o peor.

Te quiero contar mi historia para que entiendas que no es fácil y que no somos súper héroes. Somos gente imperfecta confiando en un Dios perfecto. Con este diario quiero contarte parte de lo que he pasado en mi vida, que conozcas un poco de mi trayectoria y si en alguna página de mi historia te identificas conmigo, entonces logré mi encomienda porque significa que saldrás de ese proceso como yo, saldrás renovado y en victoria.

*Recuerda esta verdad:

Vamos a pasar por situaciones, pero Dios camina con nosotros por todo lugar y nos rescata de todo.

La verdad que otros callan

"y conoceréis la verdad, y la verdad os hará libres."

-Juan 8:32

Hoy serás mi confidente, serás esa persona a quien le contaré algunas cosas por las cuales he pasado, que, aunque han sido súper fuertes, no me han destruido, sino que estoy viva para contártelas.

Te quiero contar mi historia, porque mucha gente pasa por ahí, pero no lo habla, lo guardan y mueren con eso dentro de ellos. Algunos mueren porque no hablan sus problemas y a otros los asesinan porque tienen problemas, los destituyen del ministerio. Si no lo hablas, no te sanas y ¿Cómo podrás sanar, cómo podrás ayudar a alguien y como podrás seguir adelante?

Te cuento mi historia, para que entiendas que no eres el único que está pasando por situaciones fuertes, sino que todos pasamos por ahí, que ser ministro no nos hace exentos de situaciones, al contrario, creo que somos el blanco perfecto y principal del enemigo.

Tengo que contarte, porque otros no se atreven a hablar ya sea por vergüenza o por el "qué dirán", por miedo al dedo que acusa o a la lengua venenosa de los religiosos y fariseos. Mi encomienda es decirte la verdad y liberarte de la cárcel del silencio, de morir de tristeza, o rendirte cuando estás a punto de ver tu victoria.

*Recuerda esta verdad:

TODOS pasamos por el mismo camino llamado proceso, los procesos no son para muerte y si yo me levanté, tú podrás levantarte también. Yo he podido salir victoriosa de cada proceso y te garantizo que tú saldrás en victoria también. Si cargas una palabra como yo, eso te garantiza éxito.

Dios te sostendrá hasta el final, no vas a morir en el proceso, vas a llegar.

Karen C. Santiago

Soy una pastora frustrada

"Y él se fue por el desierto un día de camino, y vino y se sentó debajo de un enebro; y deseando morirse, dijo: Basta ya, oh Jehová, quítame la vida, pues no soy yo mejor que mis padres."

-1 Reyes 19:4

Elías tenía razón para desear morir, lo querían matar simplemente por hacer lo correcto ¿Qué, qué? Me imagino a algunos pensando o preguntándose ¿Y qué clase de siervo es ese, en depresión? Solamente aquel que es llamado por Dios y está ejerciendo el ministerio, podrá entender a Elías y a todos esos siervos de la Biblia que también pasaron por depresión. Hay un refrán que dice: "Si quieres juzgarme, te presto mis zapatos", pues así.

Así como Elías, tengo muchísimas razones para estar frustrada, cansada y depresiva. Pues claro que sí, baja de esa nube de falsa santidad y de ese estereotipo de superhéroe religioso, no somos nada de eso y cualquiera se cansa. ¿O qué me dices de aquellos ministros que han renunciado, abandonado o hasta se han privado de la vida?

Aunque nos sentimos frustrados en algunas ocasiones, lo importante aquí no es la frustración, sino ¿Qué vamos a hacer al respecto? ¿Qué vas a hacer cuando llegue esa frustración?

Decidí escribir este libro para enseñarte qué hacer, también para que muchos bajen ese dedo que señala al caído y frustrado y que en lugar de señalar, se atrevan a hacer la diferencia y comiencen a levantar los brazos caídos de aquellos que se rindieron.

*Estoy de pie, porque no le permití a los problemas de la vida destruirme, sino que me hicieran más fuerte.

Aunque hay tantas razones para frustrarse y abandonar, te quiero contar que puedes superar cualquier cosa que se levante en tu contra, que ninguna situación fue creada para destruirte y que el llamado que cargas es y siempre será más fuerte que cualquier situación que enfrentes. Vengo a animarte a seguir adelante, a que no te llamen el frustrado, sino el que no se da por vencido.

Vas a llorar, claro que sí, Jesús lloró. Vas a querer renunciar, claro que sí, por poco Jesús lo hace en el Getsemaní. Vas a querer huir de todos, Elías se fue a una cueva. Vas a querer desobedecer, Jonás desobedeció. Vas a querer que Dios destruya a tus enemigos con fuego ¿Y quién no?, así como lo desearon Jacobo y Juan. Vas a querer morir como Job o Jeremías, ¿Y quién no ha pensado en eso?

Si pensabas que el ministerio simbolizaba micrófono y respeto, te equivocaste, simboliza sacrificio, cuesta críticas, abandono y traiciones. El ministerio no es fácil y nunca lo será, pero tampoco es imposible. Dejarás de estar frustrado y comenzarás a estar satisfecho con el ministerio, cuando comiences a ver las posibilidades y no las frustraciones y cuando comiences a ver las pruebas como aquello que te hará más fuerte y no más débil.

Te escribo, para que no renuncies, para te levantes y para que sepas que no será tu final. Aunque estés frustrado, no dejes de hacer la voluntad de Dios. Aunque llores, no abandones. Aunque tengas miedo, no te rindas. Y permite que Dios escriba tu historia, así como lo hizo con todos esos ministros que vinieron antes de ti. No te vas a morir.

*Recuerda esta verdad:

Muchas veces te sentirás frustrado, insatisfecho y sin valor recuerda que somos carne y eso es natural. Ahora, como ministros y siervo de Dios, lo que sientes nunca debe dirigir tu vida, sino tus convicciones y compromiso con Dios, ese tiene que ser tu motor. Y el día que no puedas, porque créeme que llegarán esos "muchos" días, entonces ahí tampoco te puedes rendir, ahí tendrás que decirle al Espíritu Santo de Dios, perfecciónate en mi debilidad. Garantizado, que Dios lo hará.

No sirves

"Yo te elegí antes de que nacieras; te aparté para que hablaras en mi nombre a todas las naciones del mundo."

-Jeremías 1:5

Aunque mis padres no son ministros, crecí en un hogar temeroso de Dios y con unos valores extraordinarios. Me criaron como a una princesa y nunca me faltó nada. Viví mi niñez dentro de una burbuja donde todo era perfecto, una burbuja llamada amor familiar, donde nadie me podía dañar.

Quizás no tengo el testimonio que puedan tener otros, pero mi testimonio puede parecerse al tuyo. Aunque en mi hogar me amaban, fuera de la burbuja de mi casa, se levantaron esas voces del infierno que se aseguraban en recordarme cada día, que yo no servía para nada y que aunque lo tuviera todo, no tenía nada. Se aseguraban en recordarme que era nadie y que estaba sola aunque estuviera rodeada de tanta gente que me amaba.

¿Cuantas veces escuchamos a la gente o a las circunstancias decirnos que no servimos, que nacimos sin propósito? El infierno se encarga de hacernos sentir que no valemos nada y que las cosas que hacemos no tienen sentido. Yo no nací en un hogar disfuncional, no tuve adicciones, no crecí con escasos recursos o cualquier problema que la sociedad denomina como "inconvenientes" de la vida, pero las voces contrarias hicieron que me perdiera en el camino y me hundiera en la depresión.

Así fue cambiando mi mundo, me fui hundiendo en esas mentiras del infierno que solo querían conseguir una cosa, silenciarme y desviarme del verdadero propósito de Dios en mi vida. Crecí ignorando las voces de quienes me amaban y escuchando las voces de destrucción. Me perdí en aquellas voces que en el silencio me gritaban: "No sirves".

*Recuerda esta verdad:

No ignoremos la realidad por una mentira, no miremos lo que no existe a tal grado que no podamos ver lo que tenemos de frente. No ignores las verdades de Dios, por las mentiras de satanás. Sí sirves y fuiste llamado con un propósito más grande de lo que piensas.

Altoparlantes del infierno

"Porque yo sé muy bien los planes que tengo para ustedes —afirma el Señor—, planes de bienestar y no de calamidad, a fin de darles un futuro y una esperanza."

-Jeremías 29:11

De ser una estudiante de cuatro puntos en la escuela, pasé a ser estudiante promedio y casi deficiente. Me perdí en aquellas voces que en el silencio me gritaban: "No sirves". Fui "buleada" en inglés se conoce como víctima del "bullying", por cosas que la gente que se cree "perfecta" llama defectos. Cada vez que alzaba mi voz, los "bullies" la silenciaban señalando mis supuestos "defectos", gritando mis debilidades para que otros escucharan. La gente piensa que todos somos fuertes ante las críticas, pero no, hay gente muy sensible y que por cosas como estas, no soportan vivir y prefieren desaparecer.

¿Eso puede pasarle a un cristiano? Claro que sí, me pasó a mí, ya no quería la atención de nadie para no ser "buleada", así que le pedí a Dios que me quitara la inteligencia para no sobresalir y llamar la atención de nadie. No quería ser el centro de atención de nadie, que me pudieran señalar y burlarse de mí, así de fuerte y mi falta de autoestima.

*Renuncié a la vida que Dios tenía trazada para mí, renuncié a la verdad de Dios y acepté la mentira de satanás.

Me topé con aquellos "altoparlantes del infierno", esa gente que te gritan lo que el infierno piensa de ti, para destruir la palabra profética que cargamos. Rendí mi identidad de poco a poco, de golpe a golpe. ¿Sabes algo? La identidad no se pierde al momento, toma tiempo y toma la boca de algunos "altoparlantes del infierno" ó "bullies" para lograr destruir a alguien.

"Los altoparlantes del infierno" son de gran influencia para hacerte olvidar tu diseño, tu destino profético y tu identidad. Te obligan a vivir bajo los "estándares" que ellos establecen para que nunca llegues a ser esa persona a quien Dios escogió y con quien Dios tiene un plan.

Poco a poco mi corazón y mi identidad fueron dañándose, hasta casi ser destruida por esta influencia satánica. Viví muchos años de mi vida bajo la opresión y bajo las opiniones de otros las cuales no eran exactamente la opinión de Dios.

Crecí escondiéndome del mundo y en soledad, pensando que fui un error de la vida y alrededor de estas voces del infierno fui creando y moldeando "Mi mundo".

*Recuerda esta verdad:

Dios no te formó para crear tu propio mundo, sino para vivir en el mundo que ya Él pensó para ti, y se llama propósito y destino. Eres alguien importante, tan importante que Dios tomó de Su tiempo para formarte y diseñarte para una misión de vida.

Acepté la oferta del infierno

"Dios mío, tú fuiste quién me formó en el vientre de mi madre. Tú fuiste quien formó cada parte de mi cuerpo."

-Salmos 139:13

Pensar que eres nadie y que no tienes propósito, es la mentira más grande que puedes albergar en tu corazón. "No tengo identidad" es la mentira más famosa que la gente abraza en sus vidas. Yo la abracé aunque no era mi destino y no era mi verdad.

Acepté la oferta del infierno, perdí mi identidad al pasar de los años y me fui convirtiendo en la persona más insegura caminando por la faz de la tierra. Crecí aceptando todas las mentiras que me hablaban y renuncié al título de Princesa que me habían otorgado en mi hogar.

*Sabes que una sola mentira o un solo problema, pueden opacar los mejores días de tu vida hasta apagarte y desligarte del éxito que te espera y eso debe cambiar.

Acepté el título de derrota que el enemigo me ofreció, se escucha dramático, pero eso es lo que hacemos cuando dejamos de caminar en nuestro diseño. Quizás no decimos que aceptamos la oferta de satanás, pero con nuestra actitud ante la vida es lo que exactamente estamos haciendo, caminando con esa oferta en la mano y abrazando esa Gran mentira.

Mucha gente no lo habla, pero con su actitud nos está diciendo: "no tengo identidad", "soy un derrotado" y "acabo de aceptar la oferta del infierno".

Yo caminé por mucho tiempo así, destruida por dentro, sin sentido en la vida y sin saber lo que era triunfo o éxito, pues renuncié a esa herencia del reino de Dios por aceptar la oferta del infierno.

*Recuerda esta verdad:

Nunca aceptes otra oferta que no sea el diseño de Dios para ti, si eres hijo de Dios quiere decir que tienes Identidad, que fuiste formado para una asignación en esta vida. Si no habla la verdad de Dios para tu vida entonces no es de Dios y no es para ti, ¡deséchalo!

No tengo herencia

"También escogió Dios lo más bajo y despreciado, y lo que no es nada, para anular lo que es."

-1 Corintios 1:28

Recuerda que no vengo de generación de pastores, que crecí renunciando a la identidad que Dios me había dado y fracasada totalmente, al menos eso pensé mientras crecía...

¿Y cómo Dios va a escoger a una persona como yo? Eso mismo pensé, creí la mentira del infierno, esa que me decía que Dios no me amaba y mucho menos que tenía planes conmigo.

Un día, después de tantos años sin asistir a una Iglesia, mi familia decide visitar la iglesia, un culto de jóvenes para ser específica (Gloria a Dios por la gente que todavía invita a alguien a la iglesia). ¡Y… Qué difícil es retomar algo que dejas de hacer!

Esa noche me senté en la última fila, con mi corazón endurecido, destruido y rebelde, estaba allí pero mi mente no estaba allí (yo sé que me entiendes). Me había apartado de Dios y la iglesia, por aquello que mis ojos vieron de aquellos "supuestos cristianos" imperfectos que te conté al principio de mi libro, mi corazón estaba endurecido y rebelde.

Logramos llegar hasta la iglesia ¡Gloria a Dios! y aunque estaba en la última fila sentada, a Dios lo único que le interesaba era que yo estaba en el lugar correcto, donde Él podría sanar todas mis heridas y cumplir una palabra profética sobre mi vida.

Esa noche el predicador me señaló de entre toda la gente y me da una Palabra donde me habla de mi llamado a las naciones, a la juventud y al pastorado.

¿Te digo la verdad? Con mi boca no lo expresé, pero sarcásticamente sonreí y en mi mente dije: "jajaja, este predicador está más loco que nadie, si supiera a quién le está hablando, a alguien sin identidad, ni herencia, no estuviera diciendo todo esto y con el micrófono en mano".

Yo sé que como yo has pensado igual, no creemos que Dios nos sigue amando y mucho menos quiera cumplir una palabra en nosotros.

Que rápido le creemos a los "altoparlantes del infierno" cuando nos habla las mentiras más grandes, pero cuando Dios nos habla la verdad, tomamos esta actitud de incredulidad

¡Somos increíbles! Pero gracias a Dios y su misericordia, que no tomó en cuenta mi ignorancia.

*Recuerda esta verdad:

Dios no te escogió por quién eres o lo que has hecho, te escoge por lo que El hará en tu vida, si se lo permites. Eres alguien y Sí, tienes identidad y herencia. Dios no piensa como nosotros y no nos condena tan rápido como nosotros, El te ama con todo y defectos y te levantará con todas tus debilidades... la pregunta es, ¿Le permitirás trabajar contigo? Y ¿Aceptarás Su amor aún cuando piensas que no lo mereces? La respuesta debe ser Si y tu actitud deber ser la de volver a levantarte.

No tengo identidad

"Pero si lo atrapan, deberá pagar siete veces la cantidad que robó, aunque tenga que vender todo lo que hay en su casa."

-Proverbios 6:31

Por segunda vez, Dios vuelve a hablarme, pero esta vez para devolverme lo que el enemigo me robó, mi identidad. Había algo que tenía que recuperar antes de comenzar a caminar en mi llamado y era mi identidad. ¿Cómo podrás sanar, si no estás sano?

En la iglesia donde me congregaba hubo un predicador invitado y éste hace el llamado pero no me atreví pasar por los complejos y baja estima. El Espíritu Santo me habla diciendo: "si tan solo das un paso hacia al frente, sabré que quieres(fe activada) que te toque y te cambie".

Qué lindo es Dios, me dijo: "solo un paso hacia al frente", como un grano de mostaza, eso es suficiente para El. Muchas veces pensamos que tenemos que hacer cosas grandes para ganar el favor de Dios, pero al contrario, solo basta un poco de Fe para ver las cosas grandes de Dios.

Y… Así lo hice, di un solo paso hacia al frente y esa FE fue suficiente para activar la palabra profética. El predicador me señala y me llama de entre la multitud y comienza a confirmar la Palabra profética. Me habla del propósito que Dios tiene para mi vida, que va a hacer algo conmigo y que seré instrumento para Su gloria. ¿Quién yo?

Fue allí donde mi identidad comenzó a sanar, cuando el Espíritu Santo me llama "Princesa" y comienza a reafirmar Su plan maravilloso para mi vida. "Princesa", eso bastó para sanar mi estima, devolverme mi identidad en Dios y nunca más sentirme insignificante. Eso fue suficiente para sentirme amada por Dios y querer hacer Su voluntad y es aquí cuando acepto el llamado. Una sola Palabra de Dios, puede cambiar al instante toda una vida de amargura.

*Recuerda esta verdad:

Dios te devuelve todo lo que el enemigo te robó, solo basta un poco de Fe para ver las cosas grandes de Dios. El enemigo tendrá que devolverte todo lo que te robó. A mí me robó mi identidad y me tenía que devolver el propósito de Dios para mi vida.

¿Quién eres? ¿Quién dijo Dios que eres? Si ya Dios te puso nombre, ¿Por qué permites que otros te definan? ¿Por qué permites que la situación te defina? Ya Dios te dio identidad y tu identidad va por encima de TODO, Camina.

¿Te ha robado el enemigo? Tengo noticias para ti, te lo tendrá que devolver todo, tan solo cree y actívate. Eres quien Dios dijo que eras.

El enemigo tiene que huir

"El Señor hará que los enemigos que se levanten contra ti sean derrotados delante de ti; saldrán contra ti por un camino y huirán delante de ti por siete caminos."

- Deuteronomio 28:7

Recuerdo cuando tenía 7 años de edad y quería jugar un rato e invité a mi hermanita para que jugara conmigo. Ella estaba muy envuelta mirando un programa de televisión, que ignoró mi invitación ¡Qué tremenda verdad! y que falta de respeto a su hermana mayor, es broma.

Me fui sola a la otra habitación a jugar, pero me equivoqué porque no estaba sola, estaba esta figura negra, como de algunos 6 pies de altura (un gigante para mi) con un sombrero de mago color negro y atentamente mirándome. ¡Qué horror! Quedé estática mirando a quién me miraba, con los pelos de punta y en una escena que duró no más de diez segundos, pero para mí el tiempo fue eterno ante esta figura espeluznante.

Yo no me moví (el miedo me paralizó, yo quería salir corriendo no te lo niego) quien salió corriendo después de los diez segundos fue esa figura satánica, lo recuerdo como si fuera ahora mismo, vi su sombra hasta que desapareció. El que estaba conmigo era más grande y por eso esa figura tuvo que desaparecer y no me pudo tocar, ahora lo entiendo.

Qué experiencia más horrible, pero a la vez y a tan corta edad, tan enriquecedora porque fui comprendiendo la grandeza del que cuida de mí. Fui entendiendo que nada podría dañarme, que Dios estaba conmigo guardando cada uno de mis pasos, que en realidad no estaba sola y Su ángel estaba conmigo.

Esto que pasé, me demostró que siempre tuve identidad porque hasta el mismo infierno sabía quién era y quería destruirme. Hasta el mismo infierno sabe quién eres y muchas veces ni nosotros mismos podemos entender quiénes somos.

*Recuerda esta verdad:

Podrá levantarse el enemigo en tu contra y con intensiones de destruirte pero no lo logrará, porque el poderoso de Israel te guarda. Planificará tu derrota pero no prosperará, porque al mandato de Dios tendrá que salir corriendo, así como salió esta figura de mi presencia.

El diablo te conoce

"porque vendrá el enemigo como río, más el Espíritu de Jehová levantará bandera contra él."

- Isaías 59:19

En una ocasión estuve en un retiro espiritual, y tú sabes que en un retiro espiritual pueden pasar muchas cosas que no vemos en cultos regulares de domingo. Bueno, pues así fue, a un hombre se la manifestó la legión de demonios que lo poseían, sí, eran muchos.

Los hermanos que estaban allí comenzaron a hacer cadena de oración, unos cantaban y otros recitaban la Biblia en alta voz, mientras que el endemoniado gritaba y gritaba. Sacaron a todos los niños de aquel escenario incluyéndome a mí y aunque estaba en otra habitación, los gritos eran tan fuertes y tenebrosos que se escuchaban hasta donde me encontraba, imagínate los gemidos de demonios en la lucha por no querer abandonar esta alma era ¡Horrible!

Yo estaba desesperada en la otra habitación, imaginándome toda la escena, pues no podía ver lo que estaba sucediendo y la escena en mi mente era mayor de lo que podía escuchar, nuestra mente puede ser muy creativa en ocasiones. Así que por estar desesperada, decido salirme del lugar de donde me habían ordenado quedarme... ¡Gran error! pues tuve que cruzar por la habitación del endemoniado e iba como alma que lleva a Cristo, a cien millas por hora ¡¡jajaja!

Cuando estaba cruzando por allí decidí detenerme a mirar, porque más pudo la curiosidad que el miedo que me impulsaba a seguir corriendo. Me quedé unos segundos mirando a este hombre poseído por los demonios, pues la intriga me dominó, su cara estaba deforme y muy enojado su semblante, pero aún así y en este estado, este hombre también me mira y lo único que puede gritar en enojo y con una voz profunda fue: "Saquen a esa niña de aquí, me molesta lo que carga, me incomoda".

¿Sabes algo? Nadie tuvo que sacarme del lugar, pues mis pies y cuerpo casi sobrevolaron aquel lugar del miedo que tenía. Una vez más el enemigo demostró que sabía quién era yo en el reino, mientras que yo iba aumentando en la incredulidad sobre mi identidad. ¿Sabes quién eres en el reino?

*Recuerda esta verdad:

Tu enemigo viene contra ti porque sabe lo que cargas y sabe quién eres, te podrá gritar y maldecir, pero NUNCA podrá tocarte pues delante de ti hay una bandera que dice: Propiedad de Dios, Jehová tiene Su bandera sobre ti.

Acepté mi llamado

"pues Dios es quien produce en ustedes tanto el querer como el hacer para que se cumpla su buena voluntad."

- Filipenses 2:13

Después de tantas experiencias y tanta palabra profética, comienzo a estudiar en la universidad y dentro de mí está ardiendo un deseo que nunca había sentido. Estaba naciendo ese deseo de hacer algo para Dios, esa sensación que me decía que para mi vida había algo más y que no lo estaba viviendo y se llama activación de propósito.

No lo entendía pero en mí se estaba manifestando una palabra, aquella palabra profética que salió de la boca de aquellos valientes predicadores y profetas quienes obedecieron al Espíritu Santo y me entregaron lo profético.

El infierno me había dicho que no tenía identidad, pero a través de los profetas Dios me dio buenas nuevas y me dijo: "Te escogí, eres mía, y tengo planes contigo", lo recuerdo como si fuera hoy.

Un mañana me miro al espejo y cansada de lo que veía, una mujer destruida, sin identidad y peor aún caminando fuera de mi llamado y es aquí donde reacciono y le digo a Dios estas palabras: "Dios, aquí estoy, quiero todo lo que tienes para mí, haz de mi lo que quieras y úsame como quieras, no huyo más, aquí estoy".

Ese mismo día en la Universidad Interamericana de Puerto Rico, Dios trae otro profeta para confirmar mi llamado hacia la juventud universitaria. Dios me posiciona a dirigir jóvenes en la universidad, otra Palabra cumplida.

¿Recuerdas aquella palabra que me dijo el predicador delante de todos y yo me burlé? Pues se cumplió esa profecía, ese día comenzó mi vida ministerial en la Universidad Interamericana de Puerto Rico, con el Ministerio Cristiano Adonai donde pude impactar la vida de cientos de jóvenes con el poder de Dios.

*Recuerda esta verdad:

Cuando estás en obediencia, Dios mismo hará todo y usará a quien sea para colocarte en el lugar de tu diseño en el Reino ¡Dios lo hará! Solo tienes que tener el corazón y disposición, Dios hará el resto. Dios mismo te colocará en tu lugar de destino, créelo.

Ahora todo será perfecto

"El oro, aunque perecedero, se acrisola al fuego. Así también la fe de ustedes, que vale mucho más que el oro, al ser acrisolada por las pruebas demostrará que es digna de aprobación, gloria y honor cuando Jesucristo se revele."

-1 Pedro 1:7

En el momento que acepté el llamado pensé que todo sería perfecto, como en los cuentos de hadas que al final siempre escribían: "Y Tuvieron un Final Feliz" así pensé que sería mi historia, un tiempo perfecto donde todo sería color de rosa. ¿No me digas que no has pensado lo mismo?

Me equivoqué cuando pensé que perfección significaba estar libre de problemas, ese es el significado que el mundo de la televisión, el cine o hasta las redes sociales te presentan pero la realidad es otra.

En el lenguaje de Dios, Perfección significa: pasarás por pruebas para capacitarte, perfeccionarte y para que puedas sostener el ministerio que te ofrezco.

*Sin pruebas no puede haber perfección y sin pruebas no puede haber aprobación.

Si nos hubieran dicho que tendríamos que pasar por pruebas para ejercer nuestro llamado ¿Hubiésemos aceptado? Te digo la verdad, si hubiese sabido que el fuego iba a ser tan caluroso o que las aguas me iban a llegar hasta el cuello, quizás hubiese dicho que no.

Pero la madurez que tengo hoy a causa de las terribles pruebas no la cambio por nada, este fuego casi destructor o esas aguas tan altas y por más amenazantes que parecieron ¡no me pudieron destruir y hoy puedo decir que Soy más Fuerte!

*Recuerda esta verdad:

La prueba no fue diseñada para destruirte, sino para hacerte más fuerte. Cada prueba que pasas en la vida es para subirte a un escalón más alto hasta llegar a ver Toda la manifestación profética de cada palabra que cargas. Todo es perfecto en el tiempo de Dios.

Edicto de muerte

"Y ahora, gloria sea a Dios, que puede hacer muchísimo más de lo que nosotros pedimos o pensamos, gracias a su poder que actúa en nosotros."

- Efesios 3:20

Siendo pastora en la universidad, que muchas cosas vi a Dios hacer. En una ocasión, estábamos adorando a Dios por medio de la alabanza y la Gloria de Dios comenzó a manifestarse a tal grado, que llegó esta muchacha y simplemente pide la oración porque quería reconciliarse con el Señor, sí, reconciliarse.

Esta joven había sido cristiana, pero como nos ha pasado a casi todos, un día simplemente se apartó y comenzó a vivir "la vida loca" la cual la llevó a contraer una enfermedad terminal en el hígado. Recuerda que el enemigo hará todo en su poder para sacarnos del camino y que el pecado nos lleve hasta la muerte, y esta muchacha era un ejemplo.

Sobre esta joven ya había un edicto de muerte, pero ese día ella fue impactada por el mismo Espíritu Santo y quiso volverse a Dios. Dios no la rechazó, la tomó en sus brazos, destruyó toda maldición de muerte e hizo más de lo que ella esperaba, recibió un milagro de sanidad en su cuerpo. Esa misma tarde esta joven fue sanada de su enfermedad de muerte, sí, en pleno siglo 20 y en los atrios de una Universidad, Dios no solo la salvó, sino que destruyó la orden de muerte del infierno.

Cuando caminamos en la voluntad de Dios, estas son las cosas que veremos manifestarse, las señales nos seguirán por dondequiera. Las pruebas en nuestra vida pueden parecer grandes, pero más grande es la victoria garantizada a aquellos que hacen la voluntad de Dios.

¡Prueba y verás a Dios! La obediencia a la voz de Dios manifestará Su poder en nuestras vidas. Si quieres ser usado por Dios, camina en obediencia y activarás la Gloria de Dios, así de sencillo, Su poder se activa con nuestra obediencia.

*Recuerda esta verdad:

Dios quiere usarte para sanar a otro. Tu obediencia a Dios y caminar en Su voluntad, activará la recompensa que habla Su palabra y se manifestará Su poder. Cuando caminas haciendo la voluntad de Dios, detrás de ti vienen esas señales de Gloria y manifestación de poder. Dios cambiará todo edicto de muerte en tu contra, cuando te vuelves a Él.

Tu alabanza es poderosa

"Sin embargo, tú eres santo, que habitas entre las alabanzas de Israel."

- Salmos 22:3

Si entendiéramos la magnitud de lo que habla esta porción de la Palabra de Dios, que Él vive en medio de nuestra alabanza y que Él se hace real cuando le alabamos, entonces nunca faltaría una alabanza en nuestra boca.

Nuestras armas son espirituales y tienen más efecto que lo natural, lo que sucede es que cada persona quiere pelear sus batallas a su manera y a nuestra manera no ganaremos nada. Nuestra alabanza provocará que Dios esté presente con nosotros y por consecuente, que nuestro enemigo no lo resista y tenga que huir.

Nunca olvido ese día cuando llegó esta joven a uno de nuestros cultos en la universidad, ella estaba tranquila en la reunión hasta que la Presencia de Dios se comenzó a manifestar en medio de la alabanza y entonces los demonios que la poseían se comenzaron a manifestar también.

Que horrible cuando alguien poseído se manifiesta, no sé si lo has experimentado, pero es una experiencia bastante tenebrosa, así como en las películas de terror o "The Walking Dead" algo así, no importa cuán lleno de Dios estés, siempre te dará un poco de miedo.

Esta joven estaba descontrolada y todos los que estaban allí estaban orando y recitando la Biblia, pero no fue hasta que mi esposo tomó la guitarra y comenzó a cantar alabanzas bajo la unción de Dios, que esa mujer fue inmovilizada por el poder de Dios y aunque su boca gritaba con más furia diciendo: "cállenlo, no lo soporto, cállenlo", ustedes saben que eso no iba a suceder, con más energías adoró, hasta que el demonio que la dominaba la tuvo que dejar. El poder de Dios es real y más grande que cualquier demonio.

Aún en el momento más terrible de tu vida acostumbra a alabar a Dios, porque es en ese momento que desatarás el milagro para tu vida. Se hace bien difícil pero no imposible, cuando Dios dice "Yo habito", créeme El habita y donde El habita las cosas tienen que cambiar, haz que tu alabanza sea parte de tu vida en todo momento.

*Recuerda esta verdad:

Dios habita, se hace presente cada vez que alguien le alaba, busca alabar a Dios en todas las etapas de tu vida y verás a tu enemigo huir por la presencia de Dios. No es fácil, pero prueba y verás que Grande es Dios. Comienza a alabar, que cuando Dios llega, un milagro se tiene que desatar.

Eres débil

"Que hagan espadas de sus azadones y lanzas de sus hoces, y que el débil diga: ¡Yo soy fuerte!"

- Joel 3:10

Cuantas veces nos encontramos declarando barbaridades por nuestra boca, de cómo nos sentimos o pensamos de nosotros mismos, cuando ya Dios nos enseñó el lenguaje que debemos hablar cuando somos nuevas criaturas.

Nuestro lenguaje debe ser uno de Fe, aquel que habla lo que cree y no lo que ve o piensa, ese lenguaje que acomodará lo natural a lo espiritual y es lo que nos ayudará a continuar hacia adelante.

Creo que todos cometemos el error de declarar lo primero que sentimos o nos llega a la mente y tenemos que aprender a callar. Si lo que vamos a decir no contribuye "haz buche" jajaja ó "cógete 10 minutos sin hablar", así me decían. No hables lo que no conviene y mucho menos aceptes voces que declaren lo contrario a lo que ya Dios habló de ti.

En otra ocasión estaba otra mujer endemoniada (sí, he visto a muchos poseídos por demonios) y la tenían en un salón bajo la misma rutina, orando y recitando la Biblia. La vi tirada en el piso, "indefensa" si claro! Pensé: "pobrecita muchacha como la tienen en el piso, esta gente es tan exagerada la deben dejar ir en paz" y ahí me agaché y con mucha lástima en mi corazón la tomé por la mano y comencé disque a consolar a la "pobre" endemoniada.

Error 101 de la escuela de demonios: a los demonios no se les coge lástima. Nunca, pero nunca hagas lo que yo hice, únete al grupo de la "rutina" ¡jajaja!, ese que ora y lee la Biblia o vete de allí corriendo. Esa mujer me apretó la mano y me rasgó con sus uñas y virando los ojos me gritaba "Karen, así te cojo yo por la pena, cuando le tienes pena a la gente" el mismo demonio me estaba gritando "lo débil que era".

¿Sabes qué hice? Sí, eso mismo me uní a los de la "rutina" y me puse a orar, era orar o salir corriendo!

Error 102: Nunca cierres tus ojos en una reprensión de demonios, hay que estar en comunión pero alertas. Me arrodillé a orar con mis ojos cerrados, otro error de principiante y allí mismo el Espíritu Santo me dice: "abre tus ojos" y cuando miré, esa mujer endemoniada venía hacia donde mi para darme una "paliza" ¡Ay Dios mío! si no la llego a ver y si los hermanos no la llegan a sostener, quizás hoy la historia hubiese tenido otro final y no muy bueno por cierto.

Allí aprendí una de mis lecciones de vida, que, aunque el diablo me gritó que era débil, eso me sirvió para no tomar esa actitud nunca más en la vida, no cogerle pena al diablo y nunca creer a sus mentiras. Aprendí que, en medio de todas estas manifestaciones y aunque sean de horror, el enemigo nunca podrá tocarme.

*Recuerda esta verdad:

El débil no grita lo que siente, sino lo que cree por fe ¡Eres Fuerte! ¡Soy Fuerte!

Diga el débil fuerte soy. Aunque la voz venga del mismo infierno y parezca cierto, siempre tendrás que gritar lo que por fe crees. El infierno siempre te gritará algo que te destruya y no vuelvas a levantarte, pero está en ti si le crees o callas al infierno, creyendo a la verdad de Dios.

La lluvia

"Pon atención, porque voy a hacer un pacto con todo tu pueblo. Voy a hacer grandes milagros, como nunca se han visto en ningún país del mundo. Todos los países donde ustedes vivan verán lo que yo, el Dios de Israel, puedo hacer."

- Éxodo 34:10

Fue uno de esos días en los cuales Dios decide aparecer y dejarnos ver Su Gloria, era una tarde "normal" de "grupito" donde cantábamos, orábamos y hablábamos la palabra de Dios como todos los días y ya estábamos orando para despedir el glorioso servicio de mediodía.

Mientras todo el grupo tenía sus ojos cerrados orando escucho un ruido a lo lejos, el ruido de la lluvia que se acercaba. Abro mis ojos y ¿Qué creen? Esa nube cargada de lluvia se aproximaba hacia nosotros, después de un día hermoso de sol, esa lluvia venía acercándose ¡No puede ser posible! Si, era posible porque el clima de nuestro hermoso Puerto Rico siempre será el mismo, "soleado con probabilidad de lluvia" no tienes que ser meteorólogo para saber esta gran verdad.

Otra persona del grupo pensó lo mismo que yo, "No nos podemos mojar" mientras que los demás estaban muy metidos en la oración, que ni se dieron cuenta de la nube que se acercaba. Quiero recordarte que nuestras reuniones eran al aire libre, afuera en la universidad y por eso si llovía nos íbamos a mojar. Mi amigo y yo comenzamos a declarar una misma oración: "Dios tú eres el mismo ayer, hoy y siempre" y así continuamos haciendo esta declaración una y otra vez, pidiendo a Dios que cesara la lluvia o se la llevara para otro lado.

La nube llena de agua llegó hasta nosotros ¿Que si nos mojamos? NO, las nubes nos rodearon y las gotas caían a nuestro alrededor, pero ni una gota nos tocó. Todos abrieron sus ojos porque escuchaban la lluvia y vimos a Dios manifestarse a nuestro favor, ni una sola gota nos tocó la lluvia caía alrededor de nosotros y no nos mojamos. Todos aquellos universitarios que corrieron para buscar refugio de la lluvia también pudieron ver lo que sucedía ese mediodía, que la lluvia no nos tocaba.

Imagínate una gran nube sobre ti y lluvia cayendo, pero tú no te mojas, pues así mismo ocurrió, la nube estaba encima de nosotros y ninguno se mojó. Qué grande es nuestro Dios y que bueno es con su pueblo, simplemente obró en favor de nuestra fe.

Esta experiencia la contaré mientras viva, porque el mismo Dios que lo hizo en el desierto con Moisés, lo hizo conmigo y lo hará contigo otra vez.

*Recuerda esta verdad:

Todos los países donde ustedes vivan verán lo que yo, el Dios de Israel, puedo hacer. Dios no tiene límites, no se los pongas tú. ¿Necesitas un milagro de Dios? Pues cree con todo tu corazón, declara con tu boca lo que está escrito y espera ese milagro de Dios para tu vida, Dios quiere y puede.

El Indio

"Sin embargo, nadie ha hecho un arma capaz de destruirte."

- Isaías 54:17

No se ha inventado arma que te destruya, pero te puede tocar. Así como tocó a Job, pero no lo destruyó, tocó la cadera de Jacob y no lo destruyó, así como el pez se tragó a Jonás y no lo mató, así el arma te puede de tu enemigo te puede tocar, pero jamás destruir.

Pensamos que como somos "cristianos" nada nos puede tocar. Ya te presenté algunos ejemplos en como si, podemos ser tocados, pero jamás destruidos y con esto en mente te cuento lo que me sucedió con el indio.

Era pastora en la universidad y mucha gente sabía esto, incluyendo a los satanistas de la universidad. Estos satanistas se reunían en nuestro lugar para tratar de sabotear nuestro culto a Dios, no teníamos miedo, pues sabíamos en quién habíamos confiado.

También estaba este personaje que llamábamos el "indio", alto, de tez oscura con el cabello largo en una trenza, su aspecto no era muy agradable ni a la vista, ni al olfato, pues al parecer no se había bañado desde que nació (un poco exagerada).

Este indio siempre me perseguía por dondequiera que iba, si iba a la cafetería para allá iba él, si iba a la biblioteca allí también llegaba. Un día en la biblioteca me comenzó a enseñar sus "obras de arte", sus dibujos de mujeres desnudas ¡Te imaginas! y que a mí, desde ese día ni hola le dije ¡Que falta de respeto la de este individuo!

Pero él no se dio por vencido tan rápido y enviaba su gente a seguirme. Luego me entero que este sujeto era el líder del grupo satánico de la universidad ¿Grupo satánico? Si, así como lo lees, eso también se mueve por todos lados, tratando de detener la obra de Dios. Lo espiritual es más real que lo que podemos ver nunca subestimes a tu enemigo, así como amas a Dios y quieres servirle, satanás también tiene sus seguidores. Recuerda que el enemigo tiene 3 misiones, matar, robar y destruir todo lo que Dios ama y ha escogido, yo no fui la excepción y tú tampoco lo eres.

Una tarde después de haber almorzado, estaba caminando por la acera con una amiga y del otro lado se acercaba ¿Adivina quién? sí, ese mismo, el "indio" y con toda la intención de tocarme ¿Para qué? No sabía, lo único que supe fue que cuando esta persona caminaba se intercambió de posición con la otra persona que lo acompañaba para lograr quedar al lado mío y tocar mi brazo izquierdo.

En ese momento lo tomé como un juego tonto para desafiarme y llamar mi atención, pero me equivoqué, porque desde ese momento todo en mi vida tomó un giro drástico, contrario a toda la palabra profética que había recibido. (No conocía lo que conozco hoy, que los satanistas y brujos buscan la manera de hacer contacto contigo y "maldecirte" por explicarte rápido, tendrías que buscar más información).

¿Cómo es posible que esto acontezca a un hijo de Dios, a alguien con tan grande llamado? Mientras más grande tu asignación más grandes serán los golpes pero aunque sean grandes y te puedan tocar, NUNCA te podrán destruir. No olvides que aunque te toquen, no te vas a morir, sino que vivirás para contar las maravillas de Dios.

Aunque no me destruyó, me tocó y desde ese día todo cambió, ya no era esa ave surcando los aires y cantando la "borinqueña" y pensando que todo iba a ser perfecto, sino un pajarito herido en el suelo sin poder levantarse.

Te contaré algunas cosas que viví desde ese día, como fui perdiendo todo hasta la fe y terminé abandonando el ministerio. Hay que estar siempre alertas, no nos podemos dormir porque aún a aquellos que crean estar bien firmes, los engañarán si es posible. (1 Corintios 10:12).

*Recuerda esta verdad:

No se ha inventado arma que te destruya, pero te puede tocar. Y cuando te toque, tú eres quien decides si volver a levantarte o quedarte en el suelo. Levántate en el poder de Su fuerza. Te lo podrán quitar todo menos esa Palabra que cargas y esa Palabra es suficiente para seguir tu camino.

El desierto

"Y te acordarás de todo el camino por donde te ha traído Jehová tu Dios estos cuarenta años en el desierto, para afligirte, para probarte, para saber lo que había en tu corazón, si habías de guardar o no sus mandamientos."

- Deuteronomio 8:2

El desierto es simplemente otra etapa en nuestro caminar con Dios, otro proceso tan necesario como la etapa de milagros y prodigios, porque aún en el desierto Dios también se manifestará en tu vida.

En ese tiempo de desierto Dios te hará entender que no estás solo, en ese tiempo donde no hay agua Dios saciará tu sed, es un tiempo entre Dios y tú. El desierto de tu vida nunca fue diseñado para destruirte, sino para enseñarte que aún en tus peores momentos Dios nunca te dejará y que sobrevivirás.

Has escuchado el refrán que dice: "y se volteó la tortilla" pues así, después de vivir tantos tiempos hermosos en Dios, todo comenzó a salir mal. Hay otro refrán que dice: "me levanté por el lado izquierdo de la cama" también ese aplica. De un día para el otro todo comenzó a salir mal, comencé a sentir que el infierno se había levantado contra mí, poco a poco y día por día.

Yo no sabía esto, nunca pensé que pasaría por un desierto a tan temprana edad y a tan poco tiempo de ministerio. Nunca pensé que alguien querría destruir a una persona que estaba haciendo el bien, pero sí, había alguien interesado en destruirme y era el mismo infierno.

¿Sabías que al infierno no le interesa que hagas el bien y que hará todo en su poder para detenerte?

Cuando comienzas a ejercer tu ministerio, ya en el infierno tu cabeza tiene precio. La mía tenía precio y no lo sabía, no sabía que era tan "importante", pues siempre me había sentido tan insignificante. Algo bueno estaba haciendo para incomodar tanto al enemigo, pero como te mencioné anteriormente, no lo sabía, no sabía que tenía que pasar por el desierto y tampoco sabía que no iba a morir en el desierto, porque de verdad que pensé que me moría.

El enemigo es experto en su área de trabajo, en la mentira y te hará creer que ese desierto tan fuerte te destruirá y muchas veces creemos esa mentira hasta abandonar.

*Recuerda esta verdad:

El desierto nunca fue diseñado para destruirte te toca y fuerte, pero nunca para destruirte. En el desierto también Dios te visita y te habla, no te mueres, sigue creyendo y levántate. Te quiero contar un poco del lado izquierdo de mi cama, de mi desierto y de cómo poco a poco voy cayendo hasta renunciar a mi llamado y ministerio…

Tiene demonio

"Porque vendrán falsos profetas y falsos mesías, y harán cosas tan maravillosas que engañarán a la gente. Si pueden, también engañarán a los que Dios ha llamado a seguirlo."

- Mateo 24:24

No te ha pasado que cuando más contento estás, como que el infierno conspira para bajarte a la tierra o hasta bajarte al mismo infierno? Pues a mí me sucedió también, te cuento…

Estaba en mi mejor momento de ministerio, súper feliz porque después de haber sido despreciada por el mundo, Dios me había escogido para trabajar para El. Estaba haciendo todo por ayudar a los demás, sanando enfermos, restaurando al herido, levantando al caído, hablando las buenas nuevas, salvando al perdido, todo en el nombre de Jesús, que contenta estaba, como una palomita volando por los aires o caminando sobre las nubes, algo así.

Hasta que un día se me ocurre acompañar a una amiga a uno de esos cultos de hogares (no estoy muy de acuerdo con esas reuniones donde el pastor principal no está presente y lo que hay es un "desmadre" y gente peleándose la "autoridad") ¿Sabes de qué te hablo verdad? Pues a uno de esos mismos donde siempre alguien profetiza, sacan demonios y se ministran el uno al otro, no es que tenga nada en contra de esto pero hay que tener cuidado y control. No todo el mundo tiene demonio y no siempre se anda profetizando ¿Me entiendes? Fui a uno de esos.

¡Qué GRAN error cometí! En esa reunión estaba esta clase de persona que se cree que es más santo que los demás, sí, y este fariseo espiritual tenía la parte de la "predicación" de la palabra. Todo andaba bien hasta que se le ocurre hacer el llamado y sus ojos estaban clavados sobre mí mientras hacía el llamado ¡En serio! y todo porque andaba maquillada y con aretes, porque al menos en ese momento llevaba una falda puesta.

Yo no tenía que aceptar a Cristo pues ya lo había aceptado, no estaba triste así que el llamado no era para mí y no tenía una necesidad específica, así que me quedé para dar espacio a otro con verdadera necesidad (recuerda que te dije al principio que estaba en mi mejor momento y feliz).

Este hombre seguía insistiendo hasta que obligó a todos a pasar para imponerle las manos ¿Y quién creen ustedes que quedó hasta el final y obligada tuvo que pasar? Sí, yo misma y su intención desde el principio era "ponerme" las manos para disque orar por mí ¿Por qué? Porque según él, tenía demonio, el demonio de pantallas, maquillaje y quién sabe que otro "demonio" ¿Qué, ¿qué?

¡Qué horror! todo porque me discriminó porque usaba maquillaje y pantallas, ¡Ay Padre! qué falta de discernimiento y sabiduría de las escrituras. Comenzó a sacarme los "demonios", que personaje aquel y que ignorancia la de este ser humano.

¿Sabes algo? que si le hubiese hecho caso a este inepto, hoy sería otra mi historia y quizás no te estuviera contando nada porque hubiese estado apartada de Dios por un personaje como este, que en lugar de acercar a las personas a Dios, los aleja por falta de discernimiento, por no escribir otra cosa.

Mientras este tipo "oraba" por mí, yo lloraba en desesperación porque pensaba y le preguntaba a Dios ¿Qué está pasando aquí? Yo lloraba mientras que los otros ignorantes en el cuarto me rodeaban, unos recitando la Biblia, otros reprendiendo, otros que ni sé que hacían, simplemente "pura religión sin unción" y aquellos que simplemente eran espectadores del circo que tenía aquella persona sin entendimiento.

Salí de aquel lugar sin la manifestación de demonio alguno, pues no estaba endemoniada, simplemente había sido juzgada, señalada y menospreciada por un grupo de "cristianos" sin discernimiento de espíritus, solo el prejuicio humano o satánico o una conducta aprendida en algún otro lugar.

¿Te imaginas lo qué pensé después de aquella experiencia desastrosa? Pues, que cualquier cosa sería mejor que seguir a

Cristo, porque si tus mismos "hermanos" te van a juzgar y señalar yo no quería eso, pero Gloria a Dios que era más madura que antes y sabía que Dios no tenía la culpa de las acciones de gente ignorante como esa.

¿Qué aprendí? A que no me puedo meter en todo lugar donde se dice que se predica a Cristo y mucho menos dejarme imponer las manos de cualquiera. La imposición de manos es tan seria que el que te las impone imparte del "espíritu" que carga y tú no quieres el espíritu de cualquiera, sino el correcto. Salí súper atribulada de aquel lugar, pero estoy viva y aprendí mi lección.

*Recuerda esta verdad:

No todos son demonios y no todo el que dice ser cristiano, lo es. Si alguna vez te juzgaron, recuerda que no lo hicieron bajo el Espíritu de Dios sino su propia carne y Dios no es culpable, no abandones a Quien te llamó.

Jezabel

"Y Acab le contó a Jezabel todo lo que Elías había hecho y cómo había matado a espada a todos los profetas."

-1 Reyes 19:1

Jezabel vino a destruir lo profético y la adoración, al único Dios Yahweh. Jezabel destruyó a los profetas de Dios y desvió a todo el pueblo judío de la adoración a Dios hacia Baal. Con esto dicho, Jezabel está muerta y hoy se conoce como el "espíritu de Jezabel", a aquel espíritu que se levanta contra lo profético y la adoración a nuestro Dios y nada más.

Eso que llamen a una mujer "Jezabel" porque utiliza maquillaje, pantalones o se pinte las uñas es totalmente antibíblico, una herejía y manipulación del infierno para destruir a la mujer de Dios, castrarla de su llamado y alejarla de su contribución en el Reino de Dios.

De mí se decía y aún dicen que soy una "Jezabel". En la universidad existía este otro grupo disque "cristiano", que aparte de enviar a todo el mundo al infierno, hablaba en secreto de la pastora Karen, que era una Jezabel porque utilizaba pantallas y porque vestía con pantalón. Ese secreto a voces llegó a mis oídos pero no me defendí, aprendí a dejarlo todo en las manos de Dios y perdonar al ignorante de la palabra de Dios.

Continúe mi labor de levantar y restaurar, contrario a lo que hacía el otro grupo "cristiano", quienes terminaban de destruir al que estaba muriendo espiritualmente y sacar completamente de la iglesia, al que tenía un pie adentro y el otro afuera.

Que tristeza con aquellos que dicen ser cristianos y no lo demuestran, demuestran más odio que el amor de Dios. No todos son fuertes como esta servidora, no todos soportan la presión de grupo, no todos toleran a estos fariseos de la religión, no todos y muchos terminan apartándose porque no fueron suficientemente fuertes.

*Estos fariseos tienen que entender que el trabajo del cristiano es acercar a la gente a Dios y no alejarlos. Deben de una vez y por todas escudriñar las escrituras y dejar de cometer "asesinato religioso".

Lo peor de todo es que hoy en el siglo 21, puedo ver a muchos de aquellos que me llamaban "Jezabel" casados con "Jezabeles", irónico no, lo que ellos criticaron un día lo aceptan hoy. La verdad del caso es que hoy ellos reconocen que Jezabel es un espíritu y no una vestimenta, pero… ¿Y qué de aquellos a los cuales ellos mismos señalaron, juzgaron y empujaron fuera de los caminos del Señor y que hoy viven odiando a Dios y a la iglesia? Están perdidos por culpa de un ignorante de la palabra de Dios.

Si yo no hubiese conocido a Dios y mi identidad, hoy no estuviera aquí, estaría en una esquina odiando al mundo y a la iglesia. Gracias a Dios que supe seguir adelante e ignorar esos "altoparlantes del infierno" disque cristianos de la "santidad".

*Recuerda esta verdad:

No somos jueces de nuestro hermano, sino protectores, no seas ese "Jezabel", aquel que destruye lo de Dios. Y si hoy eres ese alguien a quién juzgaron injustamente, perdona inmediatamente.

Como dijo Jesús aquel día en la cruz: "Padre perdónalos porque no saben lo que hacen" perdónalos, porque solo así podrás continuar tu viaje profético sin atrasos y con una llegada segura. Recuerda que son puros religiosos que repiten lo que aprendieron.

Tú eres más que un vestido o una apariencia física, eres hijo de Dios con llamado y destino y lo demás son puros cuentos de viejas.

Plato de lentejas

"Entonces Jacob dio a Esaú pan y del guisado de las lentejas; y él comió y bebió, y se levantó y se fue. Así menospreció Esaú la primogenitura."

- Génesis 25:34

Esaú menospreció lo que le correspondía por ley, intercambió su herencia por un placer que duraría un breve tiempo. Su primogenitura tendría beneficios de por vida y alcanzaría a sus generaciones, pero lo cambió por satisfacer una necesidad del momento, queriendo decir que no pasaría unas cuantas horas en que volvería a tener hambre. Tomó una mala decisión, cambiar lo que por herencia le pertenecía y menospreciar un regalo eterno por satisfacer un deseo pasajero.

Después que había pasado por tanto y tener tanta necesidad, no me venía mal una buena oferta como la de Esaú, pensarás que soy carnal pero solo expreso lo que muchos piensan y no dicen. Tantos sinsabores y menosprecios por haber "aceptado" el llamado, ya no era color de rosa, ahora todo se veía gris y necesitaba un respiro o una "mejor oferta" ¿Y quién no quiere salir de las pruebas infinitamente duraderas?

Esa noche una amiga me invitó a un culto de su Iglesia, el Espíritu de Dios me habló a través de la predicadora y me dijo tantas cosas hermosas, reafirmando el llamado y lo que necesitaba escuchar, Dios sabe lo que necesitamos. No me había pegado en la lotería, ni recibí una "mejor oferta" como esperaba, pero cuando Dios te habla reafirmando es todo lo que necesitas, Su palabra te llena mucho más que cualquier otra "oferta" ¿Me entiendes?

Otra cosa que me habló Dios, es que llegaría una "mejor oferta a mi vida a la cual debía decir que no, que no debía aceptar porque lo que Él tenía para mí era mucho más grande", esas fueron sus palabras. Y así quedaron grabadas esas palabras en mi espíritu y en mi mente. Dios sabía que necesitaba otra oferta y claramente me dijo no vas a aceptar ninguna otra oferta que no sea mi voluntad, Dios tiene buen sentido del humor ¿O no?

La siguiente semana y en dos ocasiones diferentes recibí dos ofertas para incursionar como modelo. ¿Modelaje? Sí, eso mismo, eso significaba dinero el cual necesitaba, fama y reconocimiento que aunque no me interesaba no vendría mal y también significaba esa otra oferta que estaba pidiendo a gritos. Significaba abandonar mi llamado y atender el llamado de otro, no sonaba mal porque era justamente lo que mi carne necesitaba, porque a mi espíritu casi lo habían triturado y necesitaba "un respiro".

Cuando recibí estas dos ofertas en una misma semana, las lucecitas rojas de mi cerebro comenzaron a brillar y pasaba solo una palabra por mi cabeza diciendo "Peligro". Recordé aquellas palabras de Dios, que me había dicho que no aceptara la oferta que llegarían y aunque no entendiera mucho, conocía el principio de la obediencia y no lo acepté.

Aunque me hubiese gustado entrar en la carrera del modelaje, no iba cambiar mi eternidad por una pasión del momento y menos cuando ya Dios me había hablado. Rechacé la oferta del "respiro pasajero", por el llamado eterno de Dios. El plato de lentejas te satisfará por un momento, el llamado de Dios es para siempre.

*Recuerda esta verdad:

La tentación siempre será tan grande como para que abandones tu llamado, pero nunca será más fuerte que la palabra que ya Dios te entregó, tienes dominio propio, ejércelo. No menosprecies el don que hay dentro de ti y mucho menos cambies lo eterno por algo pasajero.

Te lo devolverán todo

"Dios habrá de devolvernos todo lo que perdimos estos años por culpa de los saltamontes que él mandó contra nosotros."

- Joel 2:25

Qué más me puede pasar? Ya me habían reprendido demonios que no tenía, había pasado la vergüenza de la vaca delante de tanta gente ¿Qué podía ser peor que eso? Pues eso no era nada para todo lo que me tocaría vivir, eso fue solo el comienzo.

Recuerdo que estaba en la cafetería de la universidad, pasando un gran tiempo entre amigos, hablando del culto que habíamos tenido y de cómo Dios se había glorificado. Ya era tarde así que decidí irme a mi casa, me levanté de la mesa, me despedí y me fui al estacionamiento a buscar el carro. ¡Nooooo! no podía ser, el carro no estaba allí, comencé a pensar si era que lo había dejado en otro lugar y me olvidé, pero no, fue allí mismo que lo había dejado y ya no estaba, se lo robaron.

Qué sensación horrible la que sentí en mi estómago, que desesperación e impotencia al no encontrar el carro en el lugar que lo había dejado. Lo peor de todo es que el carro no era mío. Me robaron un carro que no era mío, no solo me quedaba sin carro, sino que también tenía que pensar cómo le iba a decir a mi esposo, que me acababan de robar su carro.

¿Por qué tenía su carro? Primeramente, déjame contarte como llegué a ese lugar de tener que usar su carro. Primero, mi familia se mudó al otro extremo de la isla y tuve que hospedarme para seguir estudiando y ejerciendo el ministerio. Segundo mi carro, el mío, se dañó y tuve que salir de él. Tercero mi esposo, salió para entrenamiento básico del ejército de los Estados Unidos y me dejó su carro para que lo usara y lo "cuidara". No solo me quedé sola de un día para otro, sin mi familia, sin mi esposo, ahora me roban el carro y ni era mío. Se parece a la historia del hacha y Eliseo ¿Recuerdas?

Era demasiado para soportar, eso pensaba yo, hay gente que dice "mándame más que me lo merezco" jajaja y yo decía "que he hecho yo para que todo esto me acontezca". Muchas veces pensamos que como somos cristianos, nada malo nos puede acontecer, pero yo pregunto" "¿Y toda esa gente buena de la Biblia? Tampoco hicieron el mal para que malas cosas les pasaran", hoy entiendo que se llaman procesos necesarios para gente con asignación en la tierra.

*Recuerda esta verdad:

¿Tienes asignación en la tierra? Entonces prepárate para el proceso. El proceso no te va a destruir, sino fortalecer para poder llevar a cabo tu encomienda. A mí no me destruyó, al contrario, hoy vivo para contarte que puedas levantarte. Eliseo recuperó el hacha prestada y perdida y Dios recuperará para ti todo lo que has perdido, no te rindas.

Me rendí

"Ustedes no han pasado por ninguna tentación que otros no hayan tenido. Y pueden confiar en Dios, pues él no va a permitir que sufran más tentaciones de las que pueden soportar. Además, cuando vengan las tentaciones, Dios mismo les mostrará cómo vencerlas, y así podrán resistir."

-1 Corintios 10:13

Aunque no acepté aquellas ofertas de modelaje acepté algo mucho peor, la "derrota", ya no podía más con tantas desilusiones una detrás de la otra.

Aquel toque del indio afectó mi vida, no me destruyó pero yo había pensado que sí. Pensé que ya no valía la pena continuar y que si todo me estaba saliendo mal, era señal que debía renunciar a mi llamado. Y así lo hice, me fui, renuncié a todo y me fui a la otro extremo de Puerto Rico a vivir con mis padres.

¿Pastora, renunciaste a todo? Si, lamentablemente te digo que sí. No les niego que lloraba todas las noches, porque de estar tan activa en el ministerio pasé a estar dentro la casa haciendo nada. Es como estar muerto en vida, cuando no ejerces aquello para lo que Dios te llamó. Es como estar respirando y solo existiendo, pero sin propósito, suena exagerado pero es la realidad, por eso cuando alguien no está caminando en su propósito, no está viviendo sino solo existiendo y tú no quieres solo existir, quieres vivir en tu diseño y llegar al éxito.

Cometí el peor error de mi vida, me rendí y abandoné. Sé lo que es rendirme y estar en ese silencio, como el que hubo entre Malaquías y San Mateo y aunque no estuve en el silencio de 400 años, pero a mí me pareció una eternidad.

Aunque ninguna prueba fue diseñada para destruirnos, nosotros no tenemos paciencia y tomamos las riendas de nuestras vidas y detenemos el plan de Dios adoptando nuestro propio plan. Conmigo no fue la excepción, yo hice lo mismo que otros muchos, renuncié y esto significó atrasos a mi vida ministerial.

*La voluntad de Dios que no hagas hoy la vas a tener que hacer mañana, la vas a tener que hacer, tú decides cuánto vas a esperar. El camino de tu vida va a ser tan largo como tú decidas...

*Recuerda esta verdad:

Ninguna cruz es tan grande como para rendirte y ninguna carga tan pesada que no la puedas soportar. NO abandones, si hoy estás detenido retoma tu posición porque si la retomas, ¡llegarás! Yo la retomé

Casi zombie

"Dios mío, yo te llamo, no cierres tus oídos, porque tú eres quien me protege. Si no me respondes, de seguro moriré."

- Salmos 28:1

Tehemos que entender algo y es que Dios nunca pondrá en nuestras manos algo que no seamos capaces de sostener. El llamado y el propósito de Dios en tu vida son eternos y tienes que ser capaz de sostenerlo y es por esto que tenemos que pasar por las pruebas, las cuales perfeccionarán nuestro carácter y serán la clave para mantenernos firmes en el camino.

No es fácil pasar por pruebas pero es peor abandonar la carrera, aquí si te digo yo, que es como vivir sin sentido. ¿Por qué? porque el llamado de Dios es tu diseño y para lo cual fuiste formado y al no ejercerlo solo existes sin vivir.

Siempre he dicho que el éxito de nuestras vidas se cumple cuando estamos parados en nuestro diseño, haciendo aquello para lo cual fuimos formados y creados, mientras tanto simplemente caminamos por la vida casi muertos y sin rumbo.

Y así estaba yo, llorando todos los días y pensando qué había hecho para merecer tantas cosas "malas", simplemente amargada y enojada en la vida. Pensando por qué el silencio de 400 años por ser un poco dramática. 400 años de silencio pero no era el silencio de Dios, sino el mío, porque yo fui quien se alejó y no Dios.

Dios no quiere que existamos sin vivir y de la única manera que vamos a vivir, es estando parados en nuestro diseño de vida y en nuestro propósito, así de sencillo pero complicado a la vez porque nunca será fácil pasar por tantas pruebas. Las pruebas en la vida son sumamente fuertes y una vez más tenemos que recordar que ninguna de éstas fueron diseñadas para destruirnos, sino para crear ese carácter en nosotros hasta que poder sostener el llamado.

Me cansé de llorar y sentir pena por mí misma, me cansé de ser víctima del infierno y de poner excusas para no volver a levantarme. Yo sabía que para mi vida había algo más que un llanto perpetuo, que fracasos continuos y más que un espejismo de derrota.

Y cuando uno se cansa, debe tomar decisiones para cambiar el rumbo de su vida y es aquí donde la gente no se vuelve a levantar. Porque tomar la decisión de volver a levantarte va a costar trabajo y estamos acostumbrados a estar en el rincón de la desesperación, en la comodidad del sufrimiento y salir de ahí cuesta.

*Recuerda esta verdad:

Para que a Jacob se le reconociera como Israel y no un ladrón, para encaminarse en su destino profético y diseño hablado por Dios, le costó luchar y le costó sufrir el dolor de una cadera dislocada, pero cuando deseas algo ¿No estarás dispuesto a pagar el precio? Te va a costar, pero lo lograrás. Tú decides si te quedarás en el silencio provocado por ti mismo o entrarás en esa voz profética de Dios que nunca hará silencio para tu vida.

Levántate

"Los justos podrán tropezar siete veces, pero volverán a levantarse."

- Proverbios 24:16

Si hoy sé lo que es no rendirse, es porque también sé lo que es rendirse cuando las cosas no marcharon bien. Aprendí que si me rindo, no llegaré a ver la manifestación de las promesas de Dios en mi vida. Que fácil se hace abandonar todo cuando las cosas no marchan a tu manera o a la manera que las planificaste.

Sé lo frustrante que puede ser cuando las cosas no salen bien en la vida, como cuando dices: "hoy me levanté por el lado izquierdo de la cama". Es más fácil abandonar que continuar, es más fácil llorar, que secarse las lágrimas, es más fácil caer, que volver a levantarse. Es cuestión de determinarse en la vida hacia dónde quieres llegar es tener metas, planificar y volverte a poner de pie.

Un día me cansé de abandonar y no llegar y tuve que tomar la decisión que aunque las cosas se volvieran a ver difíciles y hasta casi imposibles, esta vez no abandonaría, sino que llegaría.

*Yo sé que no es fácil, pero también sé que se puede.

La Biblia dice que los planes de Dios para ti son de bien y no de mal y que te quiere dar el fin que esperas (Jeremías 29:11), creo que todos esperamos un final feliz como los de los cuentos de hadas, pues ese final feliz está prometido si simplemente crees y decides levantarte.

No seas de la mayoría que decidió conformarse con lo que la "vida" trae, sé de aquellos que decidieron llegar a su destino profético. No hagas como yo, que lo solté todo en el momento difícil. Tú decides si quieres ser fracasado para siempre o si quieres levantarte nuevamente para obtener tu victoria.

*Recuerda esta verdad:

Que Dios nunca te dejará, aunque todo se vea mal. No te rindas, que tu motor diario sea ver TODA la palabra de Dios para tu vida. Yo decidí volver a levantarme, aunque me vuelva a costar. Si lo deseas, Dios te vuelve a levantar y no importa las veces que has caído, levántate una vez más.

Una nueva oportunidad

"Por tercera vez le dijo: —Simón, hijo de Juan, ¿me quieres?

Pedro se puso muy triste de que tres veces le había preguntado si lo quería. Entonces le contestó: —Señor, tú lo sabes todo; tú sabes que te quiero. Jesús le dijo: —Cuida de mis ovejas."

- Juan 21:17

*U*na triste verdad: Cuando abandonas tienes que "retomar donde abandonaste". Si quieres llegar a posicionarte en tu llamado tendrás que aprobar aquella prueba en la cual fracasaste la primera vez o las veces que fracasaste.

La gente piensa que se pueden escapar de las pruebas, pero están equivocados porque tenemos que aprobar cada prueba que la vida diseñó para nosotros, porque como he dicho antes, la prueba que apruebo es la garantía que podré sostener el ministerio.

*La prueba que apruebo, es la garantía que podré sostener el ministerio.

Tuve que enfrentar una realidad dolorosa y fue que más que abandonar el ministerio, había abandonado a Aquel que me llamó ¿Cómo así? Creí más a la mentira del diablo, que a la verdad de Dios en mi vida. Pedro negó a Jesús en su momento de prueba y así mismo hice yo y aunque muchos no lo quieran decir, así ha sido también en sus vidas.

*El momento difícil provoca la renuncia por miedo al fracaso, cuando en realidad, entras al fracaso cuando decides renunciar por miedo ¿Irónico verdad?

Nunca será fácil retomar donde abandonaste porque significa completar misiones que dejaste incompletas, significará hacer todo de nuevo. Pero míralo del lado positivo, tendrás más experiencia y aprobarás, porque ya sabes que el examen no es para destruirte sino probar lo que sabes.

Volver a comenzar es trabajo difícil y vergonzoso, pero NUNCA imposible y siempre gratificante porque esta vez llegarás a tu destino profético. Muchas veces pensamos que el supuesto fracaso es el final y no es así, lo debes ver como una nueva oportunidad.

Mi pregunta es ¿A dónde quieres llegar y a dónde Dios dijo que ibas a llegar? Entonces no te importará volver a comenzar, porque esta vez llegarás.

*Recuerda esta verdad:

El día que decidas levantarte, ahí estará Dios para ayudarte y entregarte la victoria. Y créeme que comenzarás a ver todo lo que Dios habló. En ese momento de "fracaso" no te detengas a llorar, levántate, pídele a Dios esa sabiduría para traer un nuevo tiempo y una nueva oportunidad para tu vida.

Un llamado eterno

"Él nos ha salvado y nos ha llamado con un llamamiento santo, no según nuestras obras, sino según Su propósito y según la gracia que nos fue dada en Cristo Jesús desde la eternidad."

-2 Timoteo 1:9

Si cargas una palabra como yo, eso te garantiza éxito. No importa cuántas veces caíste, sino cuantas veces te vuelvas a levantar y Dios te ayudará a llegar. El llamado que Dios te hace lo hace con intención de cumplirlo por eso nunca se cansará de llamarte. Está de ti aceptar el llamado y caminar.

Decidí volver a levantarme y tuve que comenzar de cero. Decido estudiar la palabra de Dios y prepararme para el ministerio, actuando en fe sabiendo que en algún momento Dios me acomodaría nuevamente en el llamado.

*Recuerda que se actúa por fe a lo que veremos y recibiremos, aunque en el momento no veamos ni rastro de las promesas.

Realicé mis estudios pastorales y en una de estas clases de ministerio pude comprender el efecto del toque del indio de aquella vez ¿Recuerdas? Aquel toque que provocó todas las pérdidas, hasta mi renuncia al ministerio y entendí que fue ese toque el cual me llevó al lugar de muerte donde me encontraba. Mucha gente no entenderá como te puede tocar una maldición pero yo lo entendí y fue suficiente.

Lo entendí, lo acepté y pude renunciar a ese toque de maldición. Dios siempre llega a tiempo y que bueno es poder saber el porqué de las cosas y poder tomar acción, yo pude accionar y desde ese día mi vida se fue ordenando. Pude graduarme de la Escuela Ministerial y después de tanta renuncia, al fin mi vida tomaba el rumbo correcto en mi destino profético que un día abandoné.

*Recuerda esta verdad:

Si siete veces caes, Dios te vuelve a levantar. Nunca dudes que el mismo Dios que te llamó, te vuelve a posicionar en tu propósito, aunque tengas que comenzar limpiando los baños, allí te buscará Dios.

Más desilusiones

"Entonces se le acercó Pedro, y le dijo: Señor, ¿cuántas veces pecará mi hermano contra mí que yo haya de perdonarlo? ¿Hasta siete veces? Jesús le dijo: No te digo hasta siete veces, sino hasta setenta veces siete."

- Mateo 18:21

Otra desilusión más y esta vez con un pastor ¿Cómo? Que un pastor te puede hacer daño en lugar de bien, pues sí, esas cosas pasan. No creo que este pastor lo haya hecho a propósito, pero lo hizo. Un día supe que había hablado mal de un familiar mío, pero no solo eso, sino que era una mentira y un chisme. ¿Cómo crees que me sentí? Saber que alguien en quien confiaba como mi pastor, me pudiera traicionar de esta manera.

Y aquí comenzaron aquellas pruebas que no soporté la primera vez, uuufff, fuerte.

Pero ¿Qué iba a hacer? ¿Dejar a Dios nuevamente? o ¿Abandonarlo todo? NO, no iba a renunciar, había tomado una decisión y me dispuse llegar a la meta aunque fuera a arrastras.

¿Por esta experiencia iba dejar de confiar en los pastores? Claro que no porque no todos son iguales, tuve pastores muy buenos en mi vida y por una o dos malas experiencias no puedes descartar a tantos hombres y mujeres de Dios que son rectos.

Simplemente aprendí que hay de todo en la viña y que debía seguir el buen ejemplo que recibí y desechar lo malo, que debía guardar mi corazón porque hay de todo en este caminar. ¿Qué hice? Aprendí a orar y entregarle todo a Dios y ya no iba a luchar con mis fuerzas sino de rodillas. Me fui al "closet", allí lloré, oré y le hablé a mi Dios, le conté todo, cómo me sentía e hice algo más, perdoné al pastor. ¿Y sabes qué? la libertad la recibí yo porque fui sanada en ese momento, me desligué de un odio futuro, una depresión a largo plazo y alguna enfermedad.

Te cuento que varios días después tocaron a mi puerta, y… ¿A que no sabes quién era? Sí, ese pastor, pero no llegaba para insultarme ni nada de eso, pero para pedir perdón por lo que había hecho. ¡Wow! Sé que pensaste igual que yo, se requiere un valor increíble para admitir un error y más proveniente de un "ministro" porque la mayoría piensa que no comenten errores, sabes lo que digo. Tiene que haber sido una persona humilde y un verdadero cristiano para haber cometido un error, aceptarlo y pedir perdón.

Se requiere valor para admitir un error y doble valor para pedir perdón. Siempre que cuento esta historia, aplaudo la humildad y sinceridad de esta persona y puedo decir que cometió un error pero… ¿Y quién no los comete? fue muy grande al humillarse. Un aplauso a los verdaderos hombres y mujeres de Dios que pueden pedir perdón y levantar un caído.

Aunque esta experiencia fue dolorosa, aprendí que si tenemos la fuerza para señalar injustamente, también tenemos que sacar el valor para hacer algo más difícil y es pedir perdón.

*Recuerda esta verdad:

Un verdadero hombre de Dios sabe pedir perdón, el perdón te libera a ti, no lo olvides y te sanas tú. Perdona para que puedas ser libre. No esperes que lleguen a tu puerta, se tú el que se levante para perdonar a quien te ofendió. Nunca será fácil, pero seguramente será lo que te lleve al éxito.

Karen C. Santiago

Una puerta abierta

"para que Satanás no se aproveche de nosotros, pues no ignoramos sus artimañas."

-2 Corintios 2:11

A veces queremos ser "más papistas que el papa" (otro refrán pueblerino) y hacer las cosas a nuestra manera, pasando por encima de la palabra de Dios. Cuando hacemos nuestra voluntad y se va por encima de los parámetros de la Biblia, nos estamos creyendo más inteligentes que Dios. Si Dios dice que no, es no, no tratemos de buscar desvíos porque esos desvíos atrasarán del plan de Dios y será una puerta abierta para nuestro enemigo tomar ventaja.

Cuando hablo de querer saber más que Dios, me pasó cuando Dios me dijo que no debía dejar entrar a mi casa cosas del "mundo" usted me entiende, que mi casa era santa. No le hice caso, lo tomé como cosa mía y me dije "eso es pura religión y no voy a ser religiosa", otro refrán aplicable: "sigue durmiendo de ese lado".

*Si la Biblia dice que no te hagas amigo del mundo, no lo hagas y punto, eso es abrir puertas innecesarias.

Una mañana mientras mi esposo desayunaba, yo le daba de comer a mi hija menor, quien para ese entonces solo tenía dos años y mientras la alimentaba, de la nada le comenzó una fiebre o calentura. Le dije a mi esposo que la llevara al médico, no relajo con la fiebre, pero en lo que él terminaba lo que hacía, la niña me pidió que le cantara como siempre acostumbraba a hacer. Cuando comencé a cantarle, ella comenzó a mirar hacia arriba con si estuviera viendo algo desagradable y ahí se me fue, se me desmayó, yo digo que se me murió en mis brazos.

Qué sensación horrible, le tiré la nena a mi esposo y él se la llevó al hospital. Me quedé en la casa con mi hijo de cinco años, yo estaba gritando sin consuelo sin saber qué hacer, pues no tenía carro y me encontraba sin opciones. Desesperada por saber de mi niña, se me ocurrió llamar a quien para ese entonces era mi pastora e inmediatamente ella apareció en mi casa para ayudarme y llevarme al hospital. Mientras ella estaba vistiendo a mi hijo, yo gritaba desesperada: "se me murió la nena" y solo podía repetir lo que mi mente me mostraba, una caja de muertos súper pequeña en la cual cabía un cuerpecito como el de mi hija.

*La mente puede ser tan traidora y lo único que podía ver era el cuerpo sin vida de mi niña. La gente preguntará que cuál era mi fe, pues para ser sincera, en ese momento no veía fe, solo recordaba lo que mis ojos naturales vieron.

Mientras gritaba mi falta de fe, mi pastora me decía: "Tu niña no está muerta, Dios no ha terminado con ella, todavía hay propósitos" ¡Wow! qué diferencia hace tener a alguien que pueda hablar la fe que tú no tienes en ese momento, en lugar de señalar tu "incredulidad". Por eso en algunos capítulos anteriores te mencioné sobre la necesidad de tener a alguien que conozca tus propósitos y en momentos como este, te lo pueda recordar.

¡Qué angustia! Los minutos eran como horas largas hasta llegar al hospital. Recuerdo que me sentía fría, estaba como un "zombie" caminando para encontrar a la nena, no te niego que no tenía esperanzas y pensaba lo peor. Hoy lo recuerdo después de tantos años y las lágrimas aún llenan mis ojos, fue súper fuerte y no se lo deseo ni a mi peor enemigo...

Cuando entré por esa puerta del hospital, solo le pedía a Dios que mi hija estuviera viva, solo eso. Recuerdo que el trayecto por ese pasillo hasta llegar a la recepción se hacía eterno, solo podía me podía preguntar si mi niña vivía o no ¡Que angustia y desesperación! Cuando al fin llego a la recepción, puedo escuchar a lo lejos el llanto de mi niña ¡Ay Dios mío, Gracias! Aunque la niña estaba llena de monitores, y cables en su cuerpo, ella estaba viva.

Me cuenta mi esposo que mientras iba de camino al hospital, estaba reprendiendo sobre el cuerpo de mi hija y en un momento dado rugió la voz como de una bestia, que abandonó el carro y en ese mismo momento mi hija volvió en sí.

¿Qué pasó? Una puerta abierta y el diablo no vacila, cuando hay entrada, él entra. El Señor me dijo: "abriste una puerta por dónde entró el enemigo y atacó al más vulnerable de tu casa. Ustedes son una casa sacerdotal y no todo el mundo puede entrar a tu casa, soy celoso con quienes llamo". Eso fue suficiente para mí y después de esa experiencia, mi casa es eso, nuestro remanso de paz y no todo el mundo entra. Las cosas en la vida son difíciles, pero cuando te tocan a tus hijos, ahí se acabó el relajo.

*Recuerda esta verdad:

No todo el mundo entenderá la magnitud de tu llamado y mucho menos le darán el valor que merece. Si vas a tenerle pena a alguien, que ese alguien sea a tu familia, después de todo es el primer y más importante ministerio que tienes que administrar. La gente va y viene, pero tu familia es tu tesoro, nunca los pongas debajo de nadie, nunca.

Otra cosa, la gente siempre le da importancia a lo suyo a un nivel que nadie lo puede tocar y... ¿Por qué cuando se trata de lo de nosotros, no puede tener tanta importancia? ¿Lo de otros es más importante que lo mío? Negativo amado, lo que te pertenece siempre debes cuidarlo y defenderlo, nadie lo hará como tú.

No bajes la cabeza

"Y te pondrá el SEÑOR a la cabeza y no a la cola, sólo estarás encima y nunca estarás debajo, si escuchas los mandamientos del SEÑOR tu Dios que te ordeno hoy, para que los guardes cuidadosamente;"

- Deuteronomio 28:13

Después de esta experiencia, y tantas malas experiencias con gente de tu misma raza o pueblo y aunque no abandoné me dije que jamás volvería a pisar una iglesia hispana, "Jamás". ¿Y tú, has pensado igual, que el problema son los hispanos? No te sientas mal porque me he dado a la tarea y preguntado a varios que me han dicho que pensaron lo mismo. Creo que todos pasamos por ahí.

Dije: "No vuelvo a una iglesia hispana, me voy a una "mega iglesia americana" donde nadie me conozca y me sentaré en la última fila donde nadie me vea y cuando el culto se termine me voy "volando" ... sé que te identificas conmigo. Pues tomé esa decisión pero, aunque uno planifique quien tiene la última palabra se llama Dios y hacemos lo que Él diga. ¿Qué crees? le doy una oportunidad más a los "hispanos" y visitamos una iglesia bastante grande pero en español y terminé haciendo lo que dije que no volvería a hacer.

Llegué a esa iglesia cansada y desilusionada con la cabeza abajo después de tantas humillaciones y desilusiones, pero llegué. Me senté al final porque ese era el trato, pero aunque te sientes en el baño o en el "parqueo", Dios te ve y te va a buscar. Yo estaba cansada pero Dios no se cansa y aunque no quería llegar allí, llegué, porque aún en medio de mis desilusiones, prefiero escuchar y obedecer a Dios.

Llegué a ese lugar sintiéndome sin valor, imagínate tantos golpes y golpes al doble porque esta era mi segunda vez por el proceso. Pero aprendí que debía obedecer y no rendirme y el obedecer siempre traerá recompensa a tu vida y esta vez no fue la excepción y Dios me bendijo ese día. Siempre contaré que ese día que llegué a ese lugar sin "querer queriendo", Dios bendijo mi fidelidad y compromiso, el pastor de esa iglesia llegó hasta la última banca donde me había sentado y allí me soltó la palabra.

Allí me dijo Dios: "Jamás vuelvas a bajar tu cabeza, no importa cómo te sientas y lo que pases, no bajes tu cabeza, recuerda que te escogí y te llamé y nunca más volverás a bajar tu cabeza".

Y fue en esa Iglesia donde comencé a predicar nuevamente, donde Dios me restauró y me reposiciona en el lugar de destino. Fue en ese entonces cuando dije: "Jamás vuelvo a bajar mi cabeza ante nadie y ninguna situación y hasta hoy así ha sido.

*Recuerda esta verdad:

Dios no te llamó para caminar con tu cabeza abajo, sino bien firme, conociendo tu identidad aún en los tiempos malos. Eres quien Dios dijo que eras, el problema ni la situación define quién eres, te define Dios. El problema es momentáneo, pero el propósito de Dios en tu vida es eterno. Levanta tu cabeza, eres hijo.

Casa de Alabanza WA

"Y el Señor le dijo: Ve, regresa por tu camino al desierto de Damasco"

-1 Reyes 19:15

Comienza un nuevo tiempo para ejercer el llamado eterno para mi vida, después de tantos contras, estoy segura que una vez más Dios me levanta a pastorear. Llegamos a Washington por mandato de Dios a plantar la obra, sin dividir ninguna otra iglesia sino comenzar desde abajo. (Que pena que muchas iglesias salgan de divisiones, pero esos son otros "veinte pesos").

No contaré todas las experiencias en este tiempo porque nunca terminaría este diario, pero si te contaré algunas de ellas.

Primero, cuando ya tenemos casi un año de formados y alrededor de cien personas en la iglesia, se manifestó el espíritu de Jezabel, el verdadero espíritu, ese que trata de romper un ministerio. Este espíritu se manifestó con el ministerio de la alabanza, sacando a todos los del ministerio y llevándose varias familias de la iglesia. Se fueron en chisme, desobediencia y rebeldía y abrieron un "kiosko" ¿Por qué "kiosko"? Porque no se le puede llamar iglesia a aquellos que se "levantan" provocando las ruinas de otro ministerio.

Fue un gran golpe, fuerte por demás. Aprendí a reconocer el espíritu, a estar alertas y tratar de no cometer los mismos errores. Y aunque la iglesia casi se vació y me dije: ¡Qué desgracia, me quiero morir! No me rendí, no abandoné y continué con aquellos fieles que no abandonaron, porque siempre queda un remanente fiel que respalda lo verdadero de Dios.

Aprendí a predicarle a miles, pero también tuve que aprender a volver a empezar con tres personas y predicar de la misma manera. Mucha gente renuncia por un "fracaso" como este pero yo no.

*Te voy a dar el secreto que un día Dios me dijo: "Predicarás en cada servicio como si estuvieras predicando en un congreso de miles".

Si tienes la asistencia de miles o la asistencia de cinco, Pastor, NUNCA olvides esta verdad, la gente que asiste al culto que diriges merece tu respeto y honra, esa es la clave hacia el éxito. Un pastor me preguntó una vez "¿Y cómo lo hacen"? Refiriéndose a lo que ellos llaman éxito o sea tener tanta gente en nuestra iglesia. Ya lo escribí arriba, predica con el mismo ánimo en cada servicio, recuerda que predicas por tu compromiso con Dios y no por la cantidad de gente que asista a la reunión.

***Recuerda esta verdad:**

Lo que es de Dios prevalece y Dios siempre respaldará a quien Él llama. Si fuiste llamado por Dios, no te rindas ante ninguna circunstancia y mucho menos delante de los "jezabeles", haz como Elías y vete a la cueva, pero solo por un momento para respirar y recuperar fuerzas y vuelve por el mismo camino, con lo profético y destruye lo que te quiso destruir a ti.

Tiempos difíciles

"Y pelearán contra ti, pero no te vencerán; porque yo estoy contigo, dice Jehová, para librarte."

- Jeremías 1:19

Este primer año de ministerio pastoral, pasaron muchas cosas para querer destruir el ministerio y nuestras vidas. Entre todas las cosas que sucedieron, tuvimos una bruja que se sentó entre nosotros para maldecir la obra, satanistas en la puerta de la iglesia tratando impedir la entrada de la gente, paredes pintadas con símbolos diabólicos, se levantó el chisme, en fin se levantó de todo hasta esta división jezabélica que te conté y para completar el panorama terrorífico, ese año mi esposo tiene que partir a Afganistán a pelear por la nación americana por un año completo.

Me quedé sola al frente de la obra, dirigiendo las alabanzas y predicando. Recuerda que el ministerio de alabanza salió por el espíritu de Jezabel, así que quedé al frente de todoy sola. Gracias a Dios que ya había tenido mi entrenamiento porque cuando puedes obedecer a tus pastores y posicionarte dondequiera que ellos digan hasta limpiando los baños, aprendes a desempeñarte en cualquier posición.

Hasta dirigir las alabanzas aprendí y tenía las mejores bandas conmigo, "el karaoke" ¡Gloria a Dios por la tecnología! No te niego que las orejas se me calentaban cuando tenía que hacer todo esto y también por la vergüenza de la división de la iglesia, aunque no fue mi culpa tú sabes que los pastores pagamos por todos los platos rotos, pero eso no me detuvo y con todo y orejas calientes dirigí y prediqué en cada servicio.

La iglesia no se rompió, llegaron nuevas personas y nuevos músicos. ¡Qué alivio! Pero no por mucho tiempo. En esta segunda temporada se levantaron falsos profetas, gente altiva y como estaba yo solita sin el pastor, me quisieron comer viva. Y te cuento que esta gente trató de acomodar la iglesia a su manera y a su gusto y trataron de destruir la visión de Casa de Alabanza WA. También en este segundo término trataron de destruir lo profético de la Iglesia, pero no lo lograron, claro que no y yo continué de pie, aunque por dentro me estuviera destruyendo. A continuación te cuento algunas de las otras experiencias que tuve durante este tiempo de pastorado sola.

*Recuerda esta verdad:

Si Dios está contigo, se podrá levantar el mismo infierno, pero así mismo tendrá que irse. Amado, Dios te llamó al ministerio y se ha levantado la oposición en tu contra, no desistas, RESISTE porque tu enemigo tendrá que huir.

Te mato

"Esto dice el Señor: Malditos son los que ponen su confianza en simples seres humanos,"

- Jeremías 17:5

Antes de salir mi esposo hacia Afganistán, se acerca este "hermanito" y le dice a mi esposo: "No se preocupe Pastor que usted se va pero la pastora no se queda sola, la vamos a cuidar y si tengo que matar, "Mato por ella". Estas fueron literalmente las palabras de este perdonaje, pero sin esencia. Jajajaja, creo que no escuchamos bien porque la conducta de este ser humano mientras mi esposo no estuvo presente, era de machismo y querer controlar todo en la iglesia.

No sé cuántas pastoras o mujeres llamadas al ministerio pastoral hay en el mundo, pero yo soy una de ellas. Ser una pastora y ser mujer no es fácil en este mundo tan machista, te quieren comer viva y si los dejas te expulsan del ministerio. Mi amado que me lees se necesita ser valiente para ejercer el llamado, pero se necesita una doble porción de valentía cuando se es mujer.

Con las actitudes de este individuo y con tanta oposición, me hizo reaccionar en sus palabras de aquella tarde cuando dijo "mato por usted", creo que no escuchamos bien y lo que dijo fue: La mato a usted, ¡jajajaja! Trato de contar las cosas en son de broma pero en aquel momento no tenía ni chispa de gracia, me hizo la vida de "cuadritos".

Nunca será fácil liderar un ministerio sola y menos siendo una mujer, yo lo viví y casi me asesinan, digo "casi" porque no lo iba a permitir. Hoy algunos me dicen "Pastora usted es bien fuerte" ¿En serio? Pues sí, las experiencias que no me mataron un día me empujaron a la fortaleza que se necesita para seguir de pie. Quizás pienses que exagero pero no, cuando estés en mis zapatos, créeme que me los querrás devolver.

Pero Gloria a Dios que tanta experiencia me hizo fuerte, fueron muchas experiencias, muchas más que las que estaré plasmando sobre estas páginas. En aquellos momentos habían lágrimas en mis ojos, desilusión en mi corazón y muchas veces hasta me faltó el aliento para seguir adelante, sino hubiese sido porque estaba segura de mi llamado, a lo mejor me hubiese rendido en el camino otra vez.

Dios nunca te llamará para dejarte a mitad del camino, aunque alguien trate de destruirte no lo logrará, no importa que sus armas sean avanzadas o tengan el mejor plan de esta tierra, no lo lograrán.

*Recuerda esta verdad:

El Plan de Dios contigo es de eternidad y si el enemigo se levanta para destruirte, inmediatamente se levantará esa bandera de Dios que indica que tú le perteneces y tienes cobertura. En Cristo no hay hombre o mujer, hay destinos y propósitos.

Demonia

"La gente estaba asombrada de lo que Jesús hacía, y se preguntaba: «¿Será Jesús el Mesías que Dios prometió para salvarnos? Pero algunos de los fariseos oyeron a la gente y pensaron: Jesús libera de los demonios a la gente, porque Belcebú, el jefe de los demonios, le da poder para hacerlo."

- Mateo 12:23

*U*no que me reprendió porque supuestamente tenía demonio y este otro que me llama "demonia",

"Ea rayo" ¿Van a seguir? Ahora lo cuento jocosamente pero aquel día me quería morir. ¿Qué cómo... una "oveja" llama a su pastora "demonia"? Pues, así como lo lees, no era oveja sino cabrito, no era trigo sino cizaña. Ahora entiendo que tenía que ser expulsado del cuerpo de nuestra iglesia, aunque fuera de esta manera, porque si no dañaba la cosecha.

Te cuento que una noche el Espíritu Santo me muestra que estoy en medio de un fuerte terremoto y que tengo que sostenerme para no caerme por el temblor, esto lo estoy viviendo en visión, pero muy real. Entendí que atravesaría por otra prueba bastante significativa, pero el Espíritu Santo me aseguraba Su cobertura en medio de. Comoquiera ¿Quién quiere pasar por un terremoto? Nada más saber la sensación que se siente, nadie quiere eso.

Pero bueno ¿Y qué puedo hacer? Solo rendirme a la perfecta voluntad de Dios, hay otro refrán que dice: "lo que no te mata, te hace más fuerte", la cuestión es estar alerta y entender que es una prueba y que no te vas a morir. Suena fácil pero cuando lo tenemos que pasar, es fuerte, de verdad que sí.

En una de estas "reuniones" de líderes de la iglesia, una de las hermanitas sale con el tema de otra hermana (son de esas conversaciones a la que no llegaste a tiempo para detenerla), llegué tarde. Esta famosa hermanita "ninja", (esas que ven demonios con espadas por todos lados, dragones que botan fuego y escupen humo por la boca, pues esa) a decirle a los "líderes" que había una hermanita en la iglesia con demonio y que tuvieran cuidado. Tú sabes lo que hablo, tú como pastor tratando de levantar un ministerio y los demás entretenidos viendo disque demonios por todo lados, parece que lo sacaron de alguna película, continúo antes que comiences a decir que estoy en la carne.

Aquí pasaron dos cosas, y lo primero fue que si sabes que alguien tiene "demonio" no se lo andas informando a "Reymundo y todo el mundo", ética, hermano, se llama ética y que mucha gente con falta de ética, gente con mucho estudio y poca o nada de educación.

¿Qué quieres probar? ¿Qué eres más santo que nadie y por eso ves tantas cosas disque "espirituales"? Una vez un pastor dijo debes estar seguro que fue una revelación y no que la noche antes de irte a la cama comiste porotos, jajajaja. En el ministerio hay gente que parece que comió porotos antes de dormir o simplemente Facebook se lo reveló. Y este fue el caso de la hermanita "ninja" quien quería aparentar un nivel de espiritualidad superior al de la pastora o sea el mío y de los demás.

Error número dos, la falta de integridad de los supuestos "líderes" en la reunión porque se fueron a contar el chisme. ¿Quién terminó pagando los platos que rompió la hermanita "ninja"? Pues claro, Yo, y quien más. Esta hermanita "líder" que le gustaba darle a la lengua se fue llevar chisme a la "victima" de la cual habían hablado, pero como siempre pasa con los chismosos, nunca llevan el mensaje como es y esta no fue la excepción, llevó el chisme mal.

*Nota: Un líder o verdadero líder jamás habla lo que se discute en una reunión a puerta cerrada, resuelve su disgusto en el momento y en la reunión.

Y ahí está el terremoto que te conté, de cómo terminé pagando los platos rotos, me llaman para insultarme y decirme que soy una "demonia", pero eso no se queda ahí, se lo cuentan a toda la iglesia para destruirme. ¿Que si fue fuerte? imagínate, súper fuerte, era una mentira que no podía refutar porque estaría bajándome al nivel de ellos y sería caso perdido pues cada cual ya creyó "lo que le dio la gana" y en el campo de tu enemigo ya tú perdiste la batalla. Como ministro maduro, "la regla" es quedarme callada y esperar la justicia de Dios. Y que malo es tener que quedarse callado.

Solo te puedo decir una cosa, que aunque fue fuerte, fue necesario para que esta gente con carácter del demonio saliera del ministerio. Hoy estoy viva, sobreviví aquel terremoto y le doy gracias a Dios porque lo que no me mató ha sido lo que hoy me ha hecho más fuerte.

¿Qué hice? Predicar ese domingo con las piernas que no resistían mi cuerpo, pero prediqué, con hermanos con ojos de "pescado de freezer" que me miraban y pensaban en el chisme y quién sabe qué otras barbaridades. Pero como cargaba una palabra, seguí y no me detuve, esa es la clave.

*Recuerda esta verdad:

Si a Jesús le llamaron príncipe de los demonios, lo harán con nosotros también. No va a ser fácil, pero recuerdas esto, quien te llamó te defiende y te respalda y con el tiempo lo verás tú y todos los demás. Predica, aunque te tiemble todo.

¿Abandonar?

"El siervo al cual le había confiado las cinco bolsas de plata se presentó con cinco más y dijo: "Amo, usted me dio cinco bolsas de plata para invertir, y he ganado cinco más". El amo lo llenó de elogios. "Bien hecho, mi buen siervo fiel. Has sido fiel en administrar esta pequeña cantidad, así que ahora te daré muchas más responsabilidades. ¡Ven a celebrar conmigo!"

- Mateo 25:20

*T*e conté de aquel indio me tocó el brazo y todas las cosas se voltearon al revés y que comencé a perder todo, mi carro, mi familia, me tuve que ir a vivir en el hospedaje de la universidad y las demás desilusiones, me fui y abandoné el ministerio.

Después de haber abandonado tuve la oportunidad de asistir a una actividad del ministerio de la universidad y allí Dios levanta un profeta que no conocía, el cual me dio palabra de parte de Dios que me dijo: "El ministerio te lo entregué a ti, así que ante mis ojos eres la líder a cargo y hoy te pregunto si deseas tomarlo nuevamente o te retiras".

¡Wow! Saber que aunque había abandonado, ante los ojos de Dios yo seguía siendo aprobada y tenía la oportunidad de regresar, era grande para mí, pero no tan grande como para regresar, así que decidí no volver. (Esto fue la primera vez en el ministerio de la universidad).

Ahora en el 2012 esta prueba se repite, ¿Abandonar? Esta vez no fue un indio, pero sí las mismas fuerzas del infierno que no querían que hiciera la voluntad de Dios en Washington y ocasionaron nuestra salida del estado.

No pudimos hacer nada para evitarlo, sometimos las formas necesarias para quedarnos y continuar levantando a Casa de Alabanza WA, pero sin éxito. No me destruyó lo anterior así que utilizaron un arma más poderosa, sacarnos con órdenes del ejército, así que salimos de Washington hacia Kentucky...

Dejamos dos personas al frente de la obra pero como ustedes saben, cuando algo no es de una persona, nunca lo cuidarán como el dueño y esto no fue la excepción. Sufrí mucho ese tiempo fuera del ministerio, viendo cómo se destruía poco a poco lo que con tanto esfuerzo habíamos levantado.

La primera vez lo dejé perder todo, pero esta vez sabía que era la misma prueba, pero en lugares distintos y personajes diferentes, la repetición de una prueba la cual tenía la intención aprobar. Me dije: "No más atrasos, ni abandonos", así que decidimos regresar y salvar esa obra que Dios nos había entregado.

No fue fácil porque tuvimos que rendir todo para regresar a retomar la obra. Soltar todo y regresar con manos vacías, un carro remolcando un pequeño camión de mudanza, lo demás lo donamos, todo para poder retomar lo que por derecho ante Dios nos pertenecía. Dios nos pidió TODO y se lo entregamos todo. ¿Cuánto estás dispuesto a entregarle a Dios?

Tomamos la decisión de obedecer a Dios y regresar y salvar aquella obra de la destrucción, por mala administración de otros. Regresamos y esta prueba la aprobamos. El día que decidimos levantar la cabeza, la levantamos y regresamos. A muchos no les agradó nuestro regreso, pues ya nos habían dado por muertos ¿pero Guess what? A quien Dios llama, nadie puede detenerlo y estamos más vivos que nunca.

*Recuerda esta verdad:

Nadie amará lo que Dios ha puesto en tus manos como tú, nadie. Ocúpate de administrar todo lo que Dios te confió. Si Dios te da algo es porque TIENES la capacidad de administrarlo, no esconderlo y mucho menos ponerlo en otras manos ni rendirlo. Lucha hasta el final hasta ver TODO lo que Dios habló.

Abandonar para retomar

"Y el Señor dijo a Abram: Vete de tu tierra, de entre tus parientes y de la casa de tu padre, a la tierra que yo te mostraré."

- Génesis12:1

Tuvimos que abandonar todo para retomar todo. Dios me dijo ve a retomar todo lo que puse en tus manos, aunque te cueste dejarlo todo ¿Paradójico no? No sonará fuerte para quien no ha pasado por ahí, pero es fuerte. Te digo la verdad, estaba bien tranquila en KY, descansando y tratando de estar en paz después de tantas situaciones ministeriales y tantos golpes bajos ya me había resignado y "acostumbrado" a no tener que lidiar con la gente, soy sincera. Me había dedicado a cuidar mi casa y a la iglesia la manejaba por internet, súper fácil.

Hasta que ese día llegó, sí, ese día en el cual Dios te confronta y te dice: "¿Te quedas con tu propósito o caminarás con el mío?" pues no me queda de otra que retomar, porque ya una vez había renunciado al de Dios. Tuve que decidir regresar a mi propósito eterno en Washington, a la iglesia y todo lo que Dios había puesto en mis manos.

Algunas de las cosas a las cuales tuvimos que renunciar fue a la comodidad familiar, esa que viven las familias "normales", trabajo, seguridad financiera, sábados de piscina y cine, visitas de familiares, etc. ¿Por qué piscina y familia? porque estábamos en un lugar donde sale el sol (Washington se conoce por la lluvia y los días grises), es bastante caliente y puedes apreciar una piscina, y la familia estaba relativamente cerca para visitar al menos una vez al mes. Teníamos "todo" para estar tranquilos, pero nos faltaba una cosa y era el motor de todo, caminar en la perfecta voluntad de Dios.

Un día tomamos esa decisión que casi nadie se atreve tomar, hacer la perfecta voluntad de Dios. No todo el mundo abandona su trabajo secular a menos que tenga seguridad financiera, tenga casa y carro asegurado y ahorros. Nosotros no teníamos nada de eso, solo teníamos una palabra.

Mi esposo renuncia al ejército de los Estados Unidos como Dios le dijo que hiciera, sin retiro, ni compensación, solo fe. Tuvimos que dejarlo todo, muebles, enseres y todo lo grande, solo llevarnos lo que cabía en un camión de mudanza pequeño, todo por obediencia a Dios. Y así, con manos vacías de lo material pero llenas de palabra, nos encaminamos hacia nuestro destino profético.

*Recuerda esta verdad:

Dios siempre respaldará la obediencia de sus hijos. ¿Cuánta gente está dispuesta a dejarlo todo para abrazar lo profético? Nosotros lo hicimos. Dios te está llamando a obedecer, hazlo sin titubear, pues verás Su Gloria en cada paso que des, Él nunca te dejará. Lo vivo cada día…

Gente normal con un llamado poderoso

"Al salir de allí, encontraron a un hombre llamado Simón, natural de Cirene, a quien obligaron a cargar con la cruz de Jesús."

- Mateo 2:32

La gente tiene que saber que los pastores no somos súper héroes, no somos inmortales y tampoco estamos exentos de pasar por aflicciones o problemas al contrario, pasamos lo mismo o peor que tú. Casi ningún ministro habla por las situaciones que atraviesa, no sé si es orgullo o vergüenza, lo único que escuchas es la prosperidad, los nuevos niveles, los viajes, familias felices y perfectas, pero lo que realmente está detrás de la cortina no se habla. Por ese desconocimiento, es que somos señalados y juzgados injustamente.

No todo lo que ves en Facebook es la realidad, hay algo más detrás de las caras lindas en las redes sociales, hay una vida Real. La vida real es aquella detrás de lo que presentas al mundo, aquella detrás de las puertas cerradas de tu hogar. Aquella vida que nadie conoce solo Dios. Y esta es la vida con la que tenemos que trabajar para que poder sobrevivir a la realidad que se nos presenta día con día, una realidad y que muchas veces puede ser cruel.

He presentado varias pruebas que he tenido que enfrentar como ministro, no para que te des por vencido al contrario para que estés preparado y listo. Para que sepas que nada es color de rosa y con sabor a galletitas. Que como ministros estamos en la mira del infierno y muchas veces son los mismos hermanitos u ovejitas de la grey que nos ocasionan los problemas y no al revés, lo que pasa es que los hermanitos hablan y el pastor, no.

Te lo presento, porque antes de entrar en ministerio, nadie absolutamente nadie, nos advierte de todo lo que vamos a enfrentar y cuando llegan las pruebas inesperadas, solo "oran" por nosotros. Nosotros necesitamos más que una oración, la gente necesita conocer el mundo real del ministerio, ese que va más allá de las fantasías de las redes sociales, esa fantasía de viajes ministeriales, agendas llenas y predicaciones por el mundo entero y todo es final feliz, va más allá de eso.

Nadie te presenta este lado oscuro, no sé si no lo presentan por vergüenza o para que la gente no desista de tomar posiciones ministeriales, les daré el beneficio de la duda. Pero te digo la verdad, las redes sociales solo te presentará la cara bonita de la moneda y eso pone ansioso a cualquiera porque la gente siempre quiere lo bueno y nunca querrán aquella realidad detrás de la cortina.

La vida de ministerio va más allá de lo que podemos ver y lo que se presenta en las plataformas. Detrás de cada ministro hay una vida "normal" de familia, una historia y muchas frustraciones, las cuales tendremos que enfrentar a puerta cerrada y solitos. Y aquí es donde tenemos que aprender que los problemas y retos llegarán, que los podremos soportar y saldremos hacia adelante, si doblamos rodillas y buscamos a dos o tres que nos ayuden con la carga.

Si quieres sobrevivir en el ministerio tiene que acabarse el orgullo y autodependencia de la mentira del diablo. Después de orar, todos necesitamos hablarle a alguien de lo que estamos atravesando, esta es la manera de cómo podremos enfrentar los retos del ministerio y salir adelante. Le doy gracias a Dios por mi esposo y compañero de ministerio con quien puedo hablarlo todo y por esos pocos amigos pero verdaderos, que saben escucharme y levantan mis manos.

*Recuerda esta verdad:

Hasta Jesús en su momento de "debilidad", tuvo quien le ayudó a cargar su cruz. ¿Quién te ayudará a cargar la tuya? Estoy segura que hay alguien que te ama y está dispuesto a escucharte, orar por ti y si tiene que hacerlo, te ayudará a cargar tu cruz. Con alguna ayuda, el peso de la cruz no es tanto y podrás llegar.

Cuando tocan a tus hijos

"Oísteis que fue dicho: Amarás a tu prójimo, y aborrecerás a tu enemigo. Pero yo os digo: Amad a vuestros enemigos, bendecid a quienes os maldicen."

- Mateo 5:43-44

Creo que esa es la peor parte del ministerio, cuando el enemigo toca a los tuyos. Una de las cosas que le enseño a la iglesia, aunque haya algunos cabezones que parece que no escucharon ó ese día faltaron al culto, les enseño que a mis hijos no los toca nadie.

Primeramente, que mucho se escucha del sufrimiento de los hijos de los pastores, de sus rebeldías y hasta abandono del ministerio. ¿Por qué? Se dice que le gente espera tanto de ellos, pues son hijos de pastores y "tienen" que dar ejemplo. Pues NO, pues NO y pues NO, los hijos de los pastores son solo eso, los hijos de los pastores.

Los pastores somos nosotros, ellos no eligieron ser nuestros hijos, no escogieron tener que asistir a la iglesia, no tuvieron elección más que ser parte de la alabanza porque no hay nadie más. ¿Me entiendes? No están por elección, sino por ayudar a sus padres, y esa ayuda, nada más y nada menos es de admirar y aplaudir. Así que por solo estar en la iglesia deben ser respetados. El día que entren al ministerio lo harán por amor a Dios y entonces pasarán por sus propias experiencias y pruebas. Mientras tanto, bendícelos y hónralos.

Entre tantas experiencias con mis hijos, aunque siempre dije que no los tocaran, ya sabes de aquellos que no obedecen o simplemente hacen lo que quieren. Se levantó esta mujer poseída por el demonio porque no hay otra descripción, solo alguien endemoniado actúa de esta manera y levantó falso testimonio con uno de mis hijos.

NOOOOO ¿Qué le pasa? Una cosa es hablar de alguien, pero otra cosa es levantar falso testimonio ¡Qué horror! Y lo único que puedes hacer es pedirle a Dios su justicia, pues no quieres dañar el corazón de tus hijos con tan grande barbaridad inventada. Y así lo hice, con dolor en mi corazón y coraje tuve que aplicar mis enseñanzas de cada domingo, levantar mis manos para bendecir a estos hijos de satanás, bendecirlos, aunque se habían convertido en mis enemigos, no por ellos, sino por obediencia, por mí y por amor a mi familia.

Esta mujer habló lo que le dio la gana en contra de mis hijos y eso no es correcto, a parte que no debemos hablar de nadie, mucho menos de quienes no tienen culpa y sin pruebas de lo que dicen, las pruebas no existen porque el evento nunca se dio. El error número uno fue contar un chisme a casi toda la iglesia y no hablar con los pastores antes, eso no se hace, eso es cobardía y chisme.

Cuando tienes un problema lo hablas con el involucrado primero eso es lo bíblico, no vas con chisme a todos. Y por esta razón nada más, no le di audiencia a esta persona para resolver el asunto, gente así no merece audiencia, ya cometieron el acto y simplemente le das tu perdón, los despides en paz y que Dios se encargue del resto. Libérate tú y a tu familia.

*Muchos errores que cometen los ministros es poner a las "ovejas" por encima de la familia, NO, NO, NO, tu primer ministerio se llama: Familia, nunca lo olvides.

Las "ovejas" brincan la cerca y se van cuando les da la gana, la familia nunca te dejará y por encima de tus errores te amarán. No lo olvides

Las bienaventuranzas y la paz interior no son negociables y la obtendrás cuando HAGAS lo que Dios dice, porque recibirás lo que siembras, multiplicado. Por eso en lugar de maldecir, decidí obedecer y bendecir, aunque me costó.

*Recuerda esta verdad:

El perdón es beneficio es para ti, solo para ti, el hacer estas cosas eres beneficiado tú. Por eso hay tanta gente amargada, porque en realidad no han conocido el misterio revelado de la palabra de Dios. Quieren maldecir a quienes los maldicen, enseñarles disque "lecciones de vida", pero Dios no te mandó a maldecir, ni a enseñar lecciones de vida a nadie. Él te mandó a bendecir, a tener misericordia y obedecer, lo demás lo hace él. Deslígate de tu opresor y entrégaselo a Dios y verás Su justicia. La sanidad tomará tiempo, pero llegará.

Karen C. Santiago

Judas en el ministerio

"Todavía estaba hablando Jesús cuando se apareció una turba, y al frente iba uno de los doce, el que se llamaba Judas. Este se acercó a Jesús para besarlo, pero Jesús le preguntó: Judas, ¿con un beso traicionas al Hijo del hombre?"

- Lucas 22:47-48

Qué difícil es identificar a un "Judas" en el ministerio, puedes identificar a los Pedros, a Juan y a Tomás, pero a los "Judas" ¡Ay Dios mío! Los judas son casi invisibles o camaleones que se "camuflagean" entre todos. Los Judas son aquellos que buscan fama ministerial, no importa lo que les cueste, buscan estar al lado de los pastores, endulzarles el oído, ganar su confianza y a las espaldas del pastor hacen lo que les da la gana. Muestran una cara delante del pastor o líder pero al final organizan las cosas a su gusto, fuera de la visión del líder y tienen su propia agenda.

Puedo hablarte tantas cosas del Judas en el ministerio porque los tuve por muchos años dentro de la iglesia, siempre supe que algo andaba mal pero no podía reconocer lo que era. Tenía un sin sabor cada vez que ellos andaban cerca, pero como están camufleados es bien difícil distinguir su falsedad detrás de tanta "bondad" o quizás sea que no quieres descubrir la verdad detrás de tanta mentira, una de las dos.

Ya hemos pasado tanto con estos judas y no sabemos qué más hacer, pues hemos hecho de todo para corregirlos, pero siempre pasa algo más. Estos Judas son capaces de decirte "que de la misma manera que un día te amaron, hoy te odian" ¿Te imaginas? Según ellos es parte de su testimonio. ¿Cómo es posible que te odian, por una corrección? Pues así mismo, los Judas piensan que tienen derecho y justificación a todo lo que hacen.

Como pastor llegas a amar a estas personas, pues el amor del pastor es genuino y verdadero y nunca queremos aceptar que hay gente en los ministerios con malas intenciones, de verdad, es difícil aceptar este tipo de conducta infernal, yo creo que por esto no los sacamos de nuestro lado como debimos. Aunque Jesús tampoco sacó a Judas, Judas simplemente se fue solito.

Los Judas viven egoístamente y no tienen corazón para nadie, querrán cumplir sus caprichos por encima de todo y todos. Los Judas caminarán mucho tiempo a tu lado tratando de usurpar tu posición y utilizan todas las herramientas que puedan para lograr cumplir sus agendas y hasta un beso de "lealtad" te darán con tal de disfrazar y cumplir su misión.

Judas dio un besito que llevó a la muerte. Cuidado a quién le permites besarte, pues la intención de un Judas siempre será personal y de usurpar.

Hasta que un día se acabó la pena que mata y le dije a Dios: "Dios, para mi es difícil reconocer el espíritu que ellos cargan, pero tú los conoces y te pido que si ellos no pertenecen a nuestro lado, que te olvides de nuestro cariño y los saques" y cuando le pedí esto a Dios, créeme que así lo hizo Dios, los sacó.

A los Judas los saca Dios, simplemente tiene que haber alguien que se desligue del sentimentalismo o el chantaje emocional de éstos, suéltalos. Si no los sueltas, te destruyen el ministerio.

¡No te preocupes por esos Judas, porque a ellos los saca Dios de tu camino y entonces la otra parte de tu historia comienza, esa parte de resurrección, gloria, y tiempos de multiplicación y de avance! Te dolerá por un momento, pero no toda la vida, porque el después de tu vida será tan grande que ni recordarás a Judas con dolor, sino como experiencia y nada más. Lo que ayer lloraste hoy sonreirás en agradecimiento.

*Recuerda esta verdad:

¡Judas te enseña a guardar tu corazón y a poner la misión por encima de la emoción!" Los Judas te indican que tu vida tiene una segunda parte, que la gloria postrera será mayor que lo primero que viviste. Aunque no nos gusten los Judas, también son parte del proceso, Resiste.

PTSD Ministerial

"Y yendo por el camino, llegaron a cierta agua, y dijo el eunuco: Aquí hay agua; ¿qué impide que yo sea bautizado?"

- Hechos 8:36

Y qué es PTSD Ministerial me preguntarás?

En español se traduce como síntomas del trastorno de estrés postraumático. Son eventos que atravesaste tan fuertes que te dejan aturdido y tratas de mantenerte alejado de cualquier cosa que te recuerda ese momento tan horrible.

Cuando hay tanta gente que te traiciona y créeme que el ministerio no es excepción a la regla, se ve mucha gente traidora, cuando ves esto y pasas por ahí te puede dar "PTSD Ministerial". En este caso y aunque se atraviese en tu vida gente buena de verdad no los vas a reconocer, no les das la oportunidad, porque el PTSD no lo va a permitir, son tantas las malas experiencias que has atravesado, que piensas que todo el mundo viene a hacerte daño.

La desconfianza es tal que vas a tener miedo en brindar tu confianza nuevamente, por miedo a enfrentar una mala experiencia más y huyes, le cierras la puerta a todo el mundo. Qué triste para aquellas personas que son verdaderos cristianos y que llegaron para hacer una aportación a tu vida y nunca para dañarla, pero nunca lo sabremos, porque le permitimos al PTSD controlar todo.

El "PTSD Ministerial" es real y aunque muchos no lo hablen, yo lo hablo, porque quiero que sepas que aunque es real también puedes sanar. Si el "PTSD" que te controla hoy entró a través del daño que te hicieron las personas, entonces a través de personas entrará la sanidad. Créeme que no todo en el ministerio son malas noticias, ni personas malas, llegará ese tiempo de manifestación de Gloria, ese tiempo de cambios de vientos.

Una noche mientras oraba, el Espíritu Santo me habló sobre cambios, que ese tiempo de tormenta cambiaba. Me dijo el Espíritu de Dios: "los vientos que soplaban para alejarte de mi propósito cambian desde hoy y ahora los vientos soplarán para acelerarte a tu destino en mi".

¡Wow! que poderosa palabra recibí a finales del 2016. Por fin una palabra de esperanza y aliento en medio de un "PTSD" terrible, que no me dejaba disfrutar a la gente, ni del ministerio. Desde ese día Dios fue sanando el dolor de un corazón que había sido tan lacerado y golpeado, siempre me pregunté si andaba con una camiseta puesta que llevara esta frase: "Quiero que me hagas daño", ¿Soy dramática? No creo.

¿Y cómo Dios fue sanándome? Trayendo gente que me amaba de verdad ¿Y cómo sé que me amaban de verdad? Porque aun viendo mi dolor e indiferencia, mi falta de confianza, se quedaron a mi lado y no me abandonaron, es más, dieron la milla extra a mi lado y eso es GRANDE.

*Recuerda esta verdad:

Llegará gente que sanará tu corazón lacerado, solo tienes que pedirle a Dios que abra tus ojos para poder discernir y darles una oportunidad a ellos y a ti. Deja de enfocarte en lo negativo y dale una oportunidad a lo bueno, porque todavía hay gente buena. Pídele a Dios que sane tu "PTSD", estoy segura que lo hará, así como lo hizo conmigo. Hay mucha gente buena, permítele a Dios sanarte para que los puedas ver y disfrutar del ministerio. Vienen tiempos mejores para tu ministerio.

Coma espiritual

"Dios mío, mira en el fondo de mi corazón, y pon a prueba mis pensamientos. Dime si mi conducta no te agrada, y enséñame a vivir como quieres que yo viva."

- Salmos 139:23-24

Te ha pasado alguna vez, que sientes que solo existes? ¿Qué te mueves, respiras, comes y lo haces todo por rutina, pero ya ni reaccionas, es solo eso, una rutina?

Te cuento que a mí me pasó también, después de tantos golpes en el ministerio y tantas malas experiencias, llega un momento que aunque no abandonas el ministerio, renuncias a sentir algún tipo de emoción. Por ejemplo, llegas a la iglesia porque tus pies ya conocen el camino, el carro maneja la ruta solito y tu boca predica por misericordia de Dios, pero no sientes nada. ¿Suena fuerte? Pero es una realidad, si no has aprendido a guardar tu corazón, tu corazón se va inmutando lentamente que ni siquiera tú mismo te darás cuenta.

Le llamo una "coma espiritual" porque respiras y eso es todo y como mencioné antes, no te has dado cuenta que estás en esa condición. No te arrepientes y no cambias esta manera de vivir, porque realmente no conoces tu condición y no puedes cambiar lo que no conoces. No es hasta que eres confrontado con el problema que puedes reconocerlo y hacer algo.

Solo una persona confrontada con un problema podrá tomar la decisión de cambiar su estilo de vida, pero solo cuando es confrontado. Muchas veces la gente no te dirá tus errores o te hablará de tu extraña conducta por no confrontarte o perder tu "amistad". Me gusta el salmista David porque le pedía a Dios que lo confrontara cuando él estuviera haciendo las cosas mal, para poder corregirlo ¡Qué clase de humildad la de este rey!

Cuando eres pastor muy pocas veces o nunca serás confrontado, quizás por el respeto que la gente te tiene. Es es muy difícil saber lo que de verdad estás haciendo mal, porque tampoco puedes escuchar a todo el mundo y eso es bastante complicado, por eso hay que tener gente real y de confianza, esa de los que te hablé en los capítulos anteriores.

Un domingo "normal" de culto, predico como siempre y por "rutina" culmino preguntando si alguien desea la oración ¿Y qué crees? Llegó esa confrontación que me iba a rescatar de la "coma espiritual" en la que estaba, pero que no sabía.

Se levanta este muchacho militar y como quien no quiere la cosa me pide la oración, porque en una semana estaría partiendo hacia Afganistán y me dice: "Pastora, necesito la oración porque salgo en una semana y aunque aún no soy cristiano, mi mamá me dijo que era necesario que aceptara a Cristo y me bautizara antes de salir, para asegurar mi seguridad". Uuuufffff! Esa confrontación fue la bofetada que me despertó del "coma espiritual". ¿Cómo es posible que entre los feligreses estuviera este muchacho sin salvación y yo no me di cuenta?

*"El coma espiritual" es esa condición en la que estamos pero no que reconocemos, la que hace que pasemos por alto las cosas importantes de la vida porque la desgracia nos adormeció.

Ese día me despertaron y Gloria a Dios por ese despertar, ya nunca más he caído en "coma espiritual". Ese próximo domingo bautizamos a 20 personas, imagínate que grave era esa "coma espiritual" que me dominaba, que teníamos 20 candidatos al bautismo y yo dormida por los problemas. Te exhorto a que como hizo David y esta servidora, le pidas a Dios que te muestre la condición que tú no puedes ver por los problemas pero de la que necesitas salir cuanto antes.

*Recuerda esta verdad:

Quizás aceptar que estamos enfermos duela, pero no hay satisfacción más grande el saber que, aunque estuvimos enfermos, hoy estamos sanos y podemos continuar hacia el éxito planificado para nuestras vidas. Se puede despertar de un "coma espiritual", se puede porque yo desperté.

Estafadores de la gloría de Díos

"Así que Jacob salió y consiguió los cabritos para su madre. Rebeca preparó con ellos un plato delicioso, tal como le gustaba a Isaac. Después tomó las ropas favoritas de Esaú, que estaban allí en casa, y se las dio a su hijo menor, Jacob. Con la piel de los cabritos, ella le cubrió los brazos y la parte del cuello donde él no tenía vello."

- Génesis 27:14

Vamos a encontrarnos muchos de estos en el camino. ¿Y quiénes son los estafadores de la Gloria de Dios? Aquellos que harán todo lo posible por conseguir todo lo que desean sin pasar trabajo y sin pagar un precio. Los que quieren gloria sin historia o mejor dicho tener gloria, pero con la historia de otros.

Aquellos que te ofrecen amistad y fidelidad hasta que "logran" conseguir o sacar de ti todo lo que puedan. Los que están a tu lado por interés y solo eso. Son estafadores porque saben muy bien lo que hacen y cómo hacerlo. Son aquellos que logran engañar a todos pero a Dios nadie lo engaña y mucho menos lo estafa.

¿Te has encontrado personas así? Que aparentemente son espirituales, pero cuando llega ese momento de interés y al interés se le cayó la máscara de espiritualidad. Hay otro refrán que dice: "Y más pudo el interés, que el amor que te tenía". Recuerdas a Jacob, quien quiso la primogenitura y la bendición y lo consiguió con mentiras. Se disfrazó para engañar a su padre y éste lo bendijo.

Yo sé que al igual que yo, te has tropezado con estos "estafadores de la gloria de Dios" y quizás ahora parezca que se salieron con la suya, pero recuerda esto, a Dios nadie lo puede engañar, lo que ellos siembren lo cosecharán. Ellos también tendrán que tener esa lucha que los lleve cara a cara con Dios y a un arrepentimiento. No te retengas por aquellos que un día trataron de estafarte o que lo lograron, pues "Dios no se queda con nada de nadie".

Tuve gente en el ministerio que solo estuvo hasta que consiguieron lo que querían y nos abandonaron cuando no les servimos para más nada. Esa gente lo que busca es fama y reconocimiento, totalmente contrario al legado y enseñanza de reino que Jesús nos dejó. Jesús le decía a la gente, no le cuenten a nadie, NADA, pero estos estafadores dicen: "Cuenten todo, porque quiero fama".

Yo sé que hay gente que está pasando por esto o pasaron por ahí y hoy todavía lloran esa estafa. Por experiencia te digo, deslígate lo antes posible y dale gracias a Dios que esa gente hoy no está a tu lado, porque si no aún estarían robándote lo que es tuyo.

*Recuerda esta verdad:

En la vida hay que pasar trabajo, hay que luchar por lo que se desea y es lo que muchos no entienden o simplemente no desean. Jacob se dio cuenta tarde, pero se dio cuenta y en su lucha se le salió la cadera de lugar, pero eso será lo de menos, cuando lo que quieres es aquello que Dios te prometió. Aunque sea cojo, pero nunca trates de estafar la Gloria de Dios, pasa tu proceso y se fiel en él.

"Te lo agradezco —dijo David—, pero yo no puedo ofrecerle a Dios algo que no me haya costado nada. Así que yo te pagaré todo lo que me des."

-2 Samuel 24:24

Dios no desea sacrificio que no te haya costado o sea hayas obtenido a cuenta de otros, trabaja tu bendición.

Fariseos Ministeriales

"Un día, los fariseos se reunieron y decidieron ponerle una trampa a Jesús, para hacer que dijera algo malo."

- Mateo 22:15

*F*ariseos ministeriales son aquellos que supuestamente trabajan para el mismo cuerpo de Cristo, pero están en tu contra porque tú no llenas sus "estándares".

¿Cómo es posible que una pastora de otra congregación se le ocurra decirle a una de nuestras ovejas, que nuestro ministerio no sirve y que no tenemos respaldo? ¿No servimos? ¿No tenemos respaldo? ¿Y para quién tenemos que servir o de quién tenemos que tener ese respaldo? ¿Me estás queriendo decir que como no pertenezco a tu concilio, mi iglesia no sirve y que como tu concilio no me respalda, no contamos con el respaldo de nadie?

Esto se tiene que acabar, si tal o cual ministerio no pertenece a un concilio, no quiere decir que está erróneo, trabajamos para un mismo cuerpo, el de Cristo y si me mutilas a mí, te estás mutilando a ti mismo. Le hablé a mi Señor de estas injusticias, no te niego que no quería verle la cara a esta "sierva de Dios" porque tenía coraje, pero aun así la perdoné. Bendito sea Dios, que muchas cosas vemos y pasamos.

Yo aprendí a orar y poner en las manos de Dios mis problemas y a mis enemigos y esperar su justicia y te aseguro que siempre veo esa justicia. Un día me invitaron a predicar en un congreso para mujeres y ¿A que no sabes quién estaba allí entre la multitud? Si, la pastora que habló de nosotros y ese día me toco predicarle a mí, la que no sirve, la que no tiene respaldo y la porquería. Pude haber utilizado aquella plataforma para maldecir y "poner en su lugar" a esta persona, pero no lo hice, porque eso no se hace (lamentablemente muchos ministros con falta de revelación de la palabra de Dios lo hacen). El altar no se utiliza para esto, se utiliza para restaurar y NUNCA dañar.

El Espíritu Santo me dijo: "Ahora es tu oportunidad de mirar y amar a todas estas mujeres como yo las amo, solo así harás mi voluntad y yo te bendeciré". ¿Se puede? Si, definidamente que sí, porque ya tú no operas desde tus emociones sino desde el Poder de Dios, que nunca se te olvide. Cuando haces la voluntad de Dios aunque te cueste, ahí será cuando verdaderamente estarás caminando en éxito. Éxito es hacer la voluntad de Dios y Su voluntad es que bendigas a los que te maldicen, no es fácil, pero se puede, yo pude.

* Recuerda esta verdad:

Aunque David tuvo la oportunidad de asesinar a Saúl en aquella cueva, no lo hizo, no porque le faltaran las ganas de hacerlo, sino porque El sí conocía a Dios y Su voluntad. Cuando conoces a Dios, lo único que quieres es hacer Su voluntad, aunque ésta se vaya por encima de tus emociones.

Altíves del espíritu

"Antes del quebrantamiento es la soberbia, Y antes de la caída la altivez de espíritu."

- Proverbios 16:18

Parece que la gente no lee la Biblia o decidió ignorar lo que no les "conviene". Amado lector y confidente, hay que cumplir con Dios y sus mandatos aunque haya cosas con las cuales no estemos de acuerdo.

En una despedida de amigos pastores, este pastor se levanta y en su discurso "disque" de agradecimiento a los pastores que salían del estado, comienza a hacer una acusación, a nosotros y a otros que no llevan veinte años en Washington ¡Increíble!

Nos acusa porque estamos en "su territorio", en el cual él ellos han sembrado por más de veinte años y que no es justo que gente como "nosotros" que acabamos de llegar, querramos cosechar de lo que a él le ha costado.

¡Por Dios! A este pastor también se le fue la guagua y no ha leído que la Biblia donde está escrito en: Mateo 9:37-38 Entonces dijo a sus discípulos: A la verdad la mies es mucha, más los obreros pocos. Rogad, pues, al Señor de la mies, que envíe obreros a su mies. ¿De cuándo acá esto se trata de competencia? ¡Padre celestial! esto es una carrera de resistencia y no de quién llegue primero, esto es un camino de humildad y sobre todo se trata de salvación y no de números.

Mientras más pastores en la carrera hay más posibilidades de ganar almas para a Jesús y de eso se trata. Se trata de salvación y no de protagonismo, se trata de Jesús y no de nosotros mismos. Bien lo dijo el Señor en: Marcos 3:24-25 Si un reino está dividido contra sí mismo, tal reino no puede permanecer.

¿Cuándo será ese día que podamos mirar a nuestro hermano ministro como parte de mi cuerpo y no como competencia? Cuando eso suceda, habremos cumplido la verdadera encomienda.

Dios mío, aunque no mencionó nuestros nombres, pero tú sabes cuando alguien se refiere a ti, me puse caliente de coraje y vergüenza, no creía lo que estaba escuchando. Gente de tu mismo "equipo" bueno aparentemente de tu equipo y te quieran ver la cabeza donde tienes los pies.

¿Y qué clase de ministros hay en los altares en estos días? (no me refiero a todos sino a algunos, no te me ofendas). Pienso que algunos se equivocaron de profesión y debieran estar ejerciendo alguna otra profesión y no necesariamente el ministerio.

Claro que me molesté, pero así mismo lo perdoné (sí, una vez más y las veces que sea necesario) porque simplemente hay gente que no sabe lo que hace, eso es todo. Nos resta seguir adelante cumpliendo la misión por encima de la emoción.

*Recuerda esta verdad:

No fuiste llamado a llenar expectativas de nadie, sino a cumplir el llamado de Dios. No fuiste llamado a cumplir caprichos de otros, fuiste llamado a cumplir la misión de Dios. Aunque a haya gente que se oponga a tu llamado, no los escuches, escucha a Dios y sigue caminando. Total, será a Dios a quien tengas que rendirle cuentas.

La Traición

"Si un enemigo me insultara, yo lo podría soportar; si un adversario me humillara, de él me podría yo esconder. Pero lo has hecho tú, un hombre como yo, mi compañero, mi mejor amigo, a quien me unía una bella amistad, con quien convivía en la casa de Dios."

- Salmos 55:12-14

Esos que comieron en tu mesa, a los cuales abrazaste cuando nadie los quiso, a los que adoptaste cuando nadie los conocía, esos que vieron tu transparencia y "debilidad" y a los que les extendiste tus brazos, esos son los que te dejaron. Siempre nos dolerá cuando nos abandona alguien cercano.

¿Y cuántas veces no hicimos todo esto por alguien? Adoptar gente que nadie más quiso y son estos mismos que ante una "mejor" oferta, te abandonan y te traicionan, también lo viví. No te niego que el golpe es bien fuerte.

Judas traicionó a su mentor, vendió a Jesús. Y si Jesús fue traicionado, ¿Por qué nos asombra cuando nos traicionan a nosotros? ¿Por qué nos sorprende cuando hablan mentiras de nosotros o cuándo nos abandonan?

¿Sabes por qué? Porque nunca le vamos a brindar la confianza o amistad a alguien, teniendo el conocimiento que un día nos van a apuñalar por la espalda. Nadie ofrece una amistad a sabiendas que un día te abandonarán. Nunca esperamos que aquellos a quienes le dimos la mano, un día nos desprecien o calumnien. Esperamos el rechazo o traición de un enemigo y nunca de un "amigo", porque la traición de ellos será la que nos va a doler hasta la devastación, si lo permitimos.

Te cuento que también nos han abandonado, aunque no han sido muchos, pero el abandono de estos pocos ha dolido como si hubiesen sido de miles. Bien lo dijo el salmista en: Salmos 55:12-14 "Si un enemigo me insultara, yo lo podría soportar; si un adversario me humillara, de él me podría yo esconder. Pero lo has hecho tú, un hombre como yo, mi compañero, mi mejor amigo, a quien me unía una bella amistad, con quien convivía en la casa de Dios." Y...Esto llega para destruirte.

Llega para destruirte si no has aprendido a guardar tu corazón. Recuerda que tenemos que ejercitar esa cobertura y revisar ese escudo alrededor de nuestro corazón constantemente para cuando lleguen ataques como estos. Cuando aprendemos a hacer lo que dice la Biblia, el golpe llega pero el impacto será mínimo a lo que esperábamos y eso dependerá de nosotros.

Te he contado que inmediatamente que recibo un golpe por parte de otra persona, voy a mi lugar secreto y allí lo perdono, lo bendigo y se lo entrego a Dios, no es fácil pero cuando comiences a practicarlo te darás cuenta que lo que te digo es cierto.

Un domingo, ciertas personas nos llaman e informan su salida de nuestro ministerio. Nos dejan saber su decisión por su disque "lealtad y fidelidad". ¿Qué, cómo dices, lealtad y fidelidad, donde y cuando? Un abandono sigue siendo abandono, una traición sigue siendo traición, no importa cómo lo pinten.

Como ya no teníamos "qué ofrecerles" según ellos, ya no servíamos para suplir sus necesidades. ¿Suena fuerte? Más fuerte sonó cuando nos lo informaron y las únicas palabras que resaltaban eran: necesitamos agenda, calendarios, dinero, fama, viajes y ustedes no pueden ofrecernos eso. What? Así como comerse un chicle y ¿Quién hace eso? Gente que solo te buscaron por un motivo: Interés. El refrán de este momento: El amor y el interés salieron al campo un día y más pudo el interés que el amor que te tenía.

Quizás para ti que me lees suena increíble, porque tú verdaderamente sigues los estatutos y mandamientos y tienes un corazón puro y noble como Jesús, pero para otros, esa parte de la Biblia la obviaron.

¿Cómo sanamos de barbaridades como estas? Cada vez que este recuerdo llega a nuestra mente, volvemos a perdonar y bendecir, no hay de otra, hasta que sanemos por completo. Llegará ese momento que lo recordarás sin dolor y por haber perdonado al momento, créeme que estarás un paso al frente y nunca estancado. Estarás llegando a la meta y nunca en una esquina sufriendo.

*Recuerda esta verdad:

"Algunas personas no son leales a ti, son leales a su necesidad de ti. Una vez que cambian sus necesidades, también lo hace su lealtad".

- Autor Desconocido.

Vientos a tu favor

"Ustedes no han pasado por ninguna tentación que otros no hayan tenido. Y pueden confiar en Dios, pues él no va a permitir que sufran más tentaciones de las que pueden soportar. Además, cuando vengan las tentaciones, Dios mismo les mostrará cómo vencerlas, y así podrán resistir."

-1 Corintios 10:13

Son muchas más cosas las que he pasado durante el tiempo de ministerio, cosas que si no estás agarrado de Dios te pueden frustrar hasta obligarte a abandonar esta carrera. A veces pensamos que estas pruebas nunca terminarán y que nunca verás la luz al final del túnel. No te miento, ha sido bien difícil este camino llamado ministerio, tan difícil como para querer escaparte y no saber de nadie más. Un camino en el cual si te dejas vencer, no confiarás ni en la luz eléctrica, ni en tu propia madre y ni en tu sombra, por decirlo con palabras mayores.

Pasé por mucho, como te cuento desde el principio de mi diario, pero no te lo puedo contar todo porque en lugar de libro sería una guía de teléfonos y mi intención no es cansarte, sino motivarte. ¿Pero cómo motivarme si has pasado por tanto y eso no me motiva? Esa es tu pregunta ahora mismo, pero sí, motivarte a no darte por vencido porque esos vientos cambiarán de dirección y lo que antes te empujaba al fracaso y al abandono, ahora te empujarán a tu destino.

Puedo decirte que aunque he vivido momentos de escasez, en esa escasez he visto el milagro financiero.

Puedo decirte que aunque he pasado por ese momento de traición y desilusión, ahí Dios ha traído la mano amiga que me enseñó a volver a confiar.

Puedo decirte que aunque he visto al enemigo atentar contra los míos, también he visto el escudo de Dios protegiéndolos.

Puedo decirte que para cada desilusión llegó la mano de Dios que me enseñó, que nunca estuve sola y que cada golpe simplemente me enseñó que no era débil como creía, sino más fuerte de lo que pensaba. Me enseñó que estaba diseñada para administrar todo lo que Dios me dijo.

Te aseguro que si no te rindes, llegará ese tiempo de favor y gracia a tu vida, como llegó a la mía y que desde el 2016 lo que estoy viviendo son tiempos de Gloria y avance ministerial. No te digo que las pruebas cesaron, pero te aseguro que esas pruebas que atravesé fueron mi antesala para ver la Gloria de Dios que estoy viviendo ahora.

*El proceso es necesario, sin proceso no hay Gloria y tampoco historia.

Y estoy segura que quieres ver y vivir gloria, No Te Rindas y no desistas, que las pruebas fueron diseñadas para hacerte fuerte y jamás vencerte.

Profetizo que saldrás de tus pruebas hacia tu destino y diseño.

Profetizo que si no te rindes, verás a Dios honrando tu fidelidad.

Profetizo que si resistes, verás los vientos cambiar para empujarte a tu destino.

Profetizo que la prueba no te destruirá, sino que te hará más fuerte.

Profetizo que así como Dios honró y sigue honrando mi fidelidad, lo hará contigo si le eres fiel.

*Recuerda esta verdad:

Nunca recibirás una carga más pesada que la puedas cargar y si alguna carga se te hace pesada, te es permitido buscar ayuda. Busca ayuda, alguien que te escuche, Habla, porque se te permite hablar, lo único que no se permite es Renunciar.

No estoy muerta

"No moriré; sino que viviré para contar lo que hizo el Señor."

- Salmos 118:17

Muchas veces, cuando no vemos esa palabra que cargamos, cumplirse o tardarse y cuando los problemas son el pan diario, nos queremos morir. Es súper fuerte tener que caminar solo con eso, la palabra, porque en lo natural no ves lo espiritual manifestarse. No es fácil tener que caminar por lo que crees y ver pasar los días, pero no ver la manifestación como queremos.

Que horrible cuando los días pasan y no ves nada, sabes que Dios te habló pero no ves nada. ¿Cumplirá Dios su palabra en mí? ¿Me habrá escogido Dios? ¿En realidad fui llamado para esto? Tantas preguntas a causa de los malos ratos, mal testimonio de muchos y los procesos. He estado ahí donde le he dicho a Dios, al menos mándame una señal aunque de "humo", que yo entienda que estás conmigo y pueda seguir caminando. Pídeselo a Dios, estoy segura de que recibirás esa señal que te ayude a continuar.

Aprendí que nunca se debe uno rendir, que la palabra te debe sostener y que Jesús debe ser ese motor para sostenerte de pie. ¿Qué es difícil? pregúntame a mí, bueno te lo he contado y es sumamente difícil, pero te diré que cuando confías en Dios se puede y podrás caminar hasta ver TODO lo que Dios dijo.

Aprendí a hacer de mi diario vivir esa palabra que dice en: Marcos 16:17 "Y estas señales seguirán a los que creyeren". Me seguirán si camino, si me muevo y si hablo, estoy segura que cumpliendo el llamado esas señales, milagros y promesas que Dios habló se manifestarán y veré TODO lo que El habló para mi vida.

Las desilusiones ministeriales siempre las tendremos, pero nuestra mirada debe estar en Aquel que nos llamó, por eso está también está escrito en: Hebreos 12:2 "puestos los ojos en Jesús, el autor y consumador de la fe".

*Recuerda que quien lleva tu agenda se llama Dios, quien te promueve se llama Dios y quien te levanta es el mismo que te llamó, Dios y nunca te dejará morir.

En la historia de José, como en la mía y ahora la tuya. ¿No eran los hermanos de José quienes lo envidiaban? Es lo mismo, serán tus hermanos de la fe, la gente más allegada, los menos qué esperas, aquellos que te traicionarán y te envidiarán.

Y cuando ese momento difícil de traición y de prueba llegue, tendrás que enfocarte en el resultado de la historia de José, en la cual los procesos fueron fuertes y casi de muerte pero el resultado fue de palacio y gobierno. Ese será tu resultado si lo puedes creer.

*Recuerda esta verdad:

Ahora mismo el proceso puede ser fuerte, pero te aseguro que el resultado será Grandioso. ¡No te Rindas que Dios está contigo y te cuida! Quien te llamó también cuidará de colocarte donde dijo.

Continuará...

"Dios no es como los mortales: no miente ni cambia de opinión. Cuando él dice una cosa, la realiza. Cuando hace una promesa, la cumple. "

- Números 23:19

No te niego que he pasado y aún paso por pruebas y procesos, porque esto será hasta que Cristo regrese.

Pero...

Hoy puedo ver la bendición por encima de cualquier mal tiempo.

Hoy no soy la misma que era ayer.

Hoy puedo hablar libremente de aquello que ayer me esclavizaba.

Hoy puedo ver a Jesús caminando conmigo sobre las aguas turbulentas y saber que el viento no me va a destruir.

Hoy sé que la prueba no me matará, sino que me hará más fuerte.

Hoy sé que si estoy de pie, se lo debo a cada prueba que pasé.

Hoy bendigo a cada enemigo porque me empujó a ser mejor, bendigo a cada traidor porque me enseñó a no querer ser como ellos, sino a querer ser más como mi Señor.

Hoy puedo bendecir a todos los que un día me maldijeron, porque a ellos les debo parte de mi triunfo, sin ellos hoy no tendría qué contar.

Hoy estoy de pie porque un día se lo prometí a Dios y las promesas se cumplen a pesar de todo.

Hoy estoy de pie porque sé que veré todo lo que Dios me prometió y porque hay cuatro generaciones que vienen detrás de mí, que dependen de mi posición y mi ejecución.

Hoy estoy de pie porque quiero demostrarle a mi enemigo que se equivocó con todas sus proclamas en mi contra.

Hoy estoy de pie para demostrarte a ti, mi amigo, mi lector y mi confidente, que Sí, que se puede.

*Aprendí a mirar a los buenos, a las cosas buenas y simplemente ignorar lo malo.

Estoy segura que si no te rindes, entonces mi historia será tu ayuda. Mi realidad te puede salvar de tu espejismo y supuesto "fracaso".

Mi intención no es que termines odiando la iglesia, ni a los pocos cristianos que no dan testimonio, al contrario, para que no ignores lo que se mueve y para que sepas que tienes ser diferente.

Tienes que ser de esos que son cristianos verdaderos, que aman a Dios y por consiguiente harán Su voluntad y sobre todo harán el bien al cuerpo de Cristo.

Tienes que ser de esos que pueden sanar la verdad del evangelio y el reino que trajo Jesús.

Con mi historia pudiste ver mucho de lo que he pasado, pero también como aprendí a perdonar, a bendecir a mis enemigos y a continuar hacia adelante, porque se lo debo a Quien me llamó y quien me llamó es perfecto.

*El ser humano nunca será perfecto, pero no fueron ellos quienes me llamaron y apuntaron para la asignación de reino, así que a ellos no les debo nada.

El ministerio cuesta, cuesta entregarlo todo y el joven rico no pudo entregarlo todo, así que el ministerio no es para todo el mundo.

El ministerio cuesta negarse a sí mismo.

El ministerio cuesta poner las convicciones por encima de las emociones.

El ministerio cuesta dejar a padre, madre y mucho más.

El ministerio es más que un micrófono en mano, es una vivencia y un éxito que se obtendrá dentro de los procesos y dentro del fuego.

Tú decides si abandonar o continuar en esta carrera. Si fuiste llamado entonces te recomiendo a que no abandones jamás, porque si no renuncias obtendrás tu promoción.

Dios te llamó para premiarte y nunca para avergonzarte, así que recoge donde abandonaste y ponte de pie porque tu triunfo ya está asegurado.

Los procesos solo te anuncian que algo más GRANDE que tu problema está por desatarse. Disfruta el proceso, pues Dios está adentro contigo y no te morirás, no lo olvides.

Me empujaron con violencia y me quisieron destruir, pero no pudieron y no podrán. El ministerio se hace fuerte pero solo aquellos decididos y valientes lo lograrán.

"Voy a ti y pago doble" y estoy segura que si te lo propones, llegarás hasta el final.

¡Levántate como yo me levanté y me levanto cada día, en el poder de Su fuerza! Lo verás todo.

*Y Recuerda esta GRAN verdad:

"Cuando pases por aguas profundas, yo estaré contigo. Cuando pases por ríos de dificultad, no te ahogarás. Cuando pases por el fuego de la opresión, no te quemarás; las llamas no te consumirán."

- Isaías 43:2

No te vas a morir, y tendrás una historia que contar. Palabra de Dios.

A los pies de Cristo,

Apóstol y Pastora Karen Santiago

Made in the USA
Middletown, DE
26 April 2021